鉄道ビジネスから世界を読む

小林邦宏
Kobayashi Kunihiro

インターナショナル新書 106

構成　田中茂朗
図版作製　アトリエ・プラン

はじめに

中国に負けた現実を直視する

2015年9月、インドネシア政府が首都ジャカルタと第3の都市バンドン間（約150km）で計画を進めてきたインドネシア高速鉄道建設のプロジェクトを、中国が落札した。具体的には、中国の国有企業である中国鉄建がインドネシアの国有企業連合と設立した合弁会社がプロジェクトを進めることとなった。

当時、欧米社会はこのニュースに接しても「また中国か」という程度の印象しか受けなかったかもしれないが、日本の経済界に走った衝撃は甚大だった。じつは、このプロジェクトは、インドネシア政府が計画を正式決定する以前の08年から、日本の政府と企業が一体となって積極的にアプローチし、リードしてきた案件だったのだ。15年3月に中国がこのプロジェクトの入札に参加することを表明すると、東京を訪問したインドネシアのジョコ大統領に当時の安倍首相が面会し、トップセールスも展開した。

しかし、安倍元首相との会談からわずか数日、ジョコ大統領は3月26日に北京を訪問して習近平国家主席と面会。そして、この直後に中国政府はインドネシアの高速鉄道計画への支援を大々的に発表し、実際に落札へと漕《こ》ぎ着けたのだ。安倍元首相を神輿《みこし》に担いだ日本の経済界は、完全に面目を潰された格好となった。

本書では、この事例を入り口として、中国が近年特に鉄道ビジネス（インフラ開発支援）の分野で圧倒的な勢いを示しつつ参入しているアフリカ諸国に視野を展開していこうと考えている。

私は現在、〝旅するビジネスマン〟として世界を舞台にビジネスを展開しているが、大学卒業後は住友商事に就職して経験を積んだ。同社も、日本の新幹線技術にとって初の海外輸出となった台湾の高速鉄道プロジェクト（07年開業）に参加した実績を持つが、おそらく中国の国有企業が入札の競合相手となれば今後、勝ち目はないだろう。日本だけでなく、中国台頭以前は鉄道ビジネスの分野で世界に次々と進出していたシーメンスなどのヨーロッパ企業も同様だ。

まず「なぜ、勝てないのか？」を考える必要があるだろう。しかし、そのまえに、現実を直視しなければならない。インドネシアの高速鉄道プロジェクトでの敗北を、まず完全な敗北として認めなければ、その理由を論理的に導き出すことは難しいだろう。インドネシアの案件も、入札で勝負が決まった以上、インドネシア政府にとって中国側の提案がコスト面で日本案よりも魅力的だったのは間違いない。

インドネシア高速鉄道の案件でも、日本側は中国案の圧倒的低コストに対抗するために、たとえば新幹線で用いられている運行管理システムや、インターネットを利用した予約システムなどの〝付加価値〟をアピールしたはずだ。しかし、実際のところ、鉄道を建設して運行するだけなら、鉄道にとってこれらのハイテクは必ずしも必要ではない（その理由は第1章で詳述する）。日本は、自らの技術力への過信から、この鉄道ビジネスの本質を見落としてはいないだろうか。

本書では、中国経済の圧倒的力をはじめとする世界の現実を直視した上で、私たち日本のビジネスマンが自分たちの特長を活かす形で、いかにビジネスを展開するかを考えていきたい。

複数のスタンダードがビジネスチャンスを生む

現在の世界（少なくとも西側先進諸国）では、「ダイバーシティ」と「グローバル・スタンダード」というふたつの概念が強い影響力を持っている。

しかし、ふたつの概念は前者が「価値観の多様性を重視せよ」と訴え、後者は「世界的な基準が必要だ」と説いている。矛盾するように思えるふたつのキーワードで語られる現代社会の実像は、いったい、どのようなものなのだろうか。

じつは、２０２２年2月から始まったロシアのウクライナ侵攻も、ロシアのプーチン大統領がウクライナのＥＵ（欧州連合）、ＮＡＴＯ（北大西洋条約機構）への接近を嫌ったためといわれているが、鉄道を巡るスタンダード争いという視点で見ると非常に興味深い。おそらく、鉄道の軌間（左右のレールの幅）は人類に最初のスタンダードを要求したはずだが、現在でも鉄道の世界には複数のスタンダードが併存している。

その多くが旧ソ連時代に整備されたウクライナの鉄道網は「ロシア軌（間）」と呼ばれる広めの軌間だ。これに対してバルト3国やフィンランドの一部などを除くＥＵ圏や北米、中国などの鉄道や日本の新幹線は「標準軌」と呼ばれる、もうひとつのスタンダードで統一されている。そのため、現在でもウクライナの鉄道が国境を越えて行き来できているのはロシアなど旧ソ連圏の衛星国だけだ（ポーランドはほとんどの線路が標準軌のため、国境を越えるときは台車を替える）。

仮にウクライナがオデーサなど黒海沿岸の港湾を失えば、新たな輸出ルートを確保するため、EUと同じ標準軌の新鉄道網の整備に向かう可能性がある。その際に、ウクライナの復興支援という名目で、中国が自分たちのスタンダードで鉄道建設に手を差し伸べることも十分にあり得るだろう。

そうなれば、プーチン大統領にとっては、まったく皮肉な結果が待っている。

私が世界中を旅しながら、特にアフリカ諸国で目にしてきたメイド・イン・チャイナの鉄道は、世界の実像に迫る上で数々のヒントを秘めているはずだ。中国からアフリカ国家などへの開発支援は、従来のIMF（国際通貨基金）、世界銀行を中心とした途上国開発援助をグローバル・スタンダードとするならば、明確にそれとは異なる価値観を持っている。

たとえば、アフリカの南西部に位置するアンゴラは、1979年からのジョゼ・エドゥアルド・ドス・サントス大統領による長期独裁政権下にあった2004年、IMFからの融資を断り、中国輸出入銀行から20億ドルを借り入れている。これは、汚職に対する取り組み強化を条件とするIMFの融資案をドス・サントス大統領が嫌ったためだといわれているが、中国からの融資を受けて以降、08年までの5年間平均でアンゴラは10%を超える経済成長を実現。従来のスタンダードとは異なる価値観を持つチャイナマネーによってもたらされた成功は「アンゴラ・モデル」と呼ばれ、世界的にも認知されるようになった。

私は、そもそも「複数のスタンダードによる価値の格差があるからこそ、国境を跨《また》いだダイナミックなビジネスが成立する」と考えている。

たとえば、幕末の日本と欧米列強の間には、金銀の交換レートで異なるスタンダードが存在していた。日本国内の金銀交換レートは1：5で固定されていたが、日本の開国と同時に交易を求めてやって来た欧米列強では1：15のレートが定められていたのだ。つまり、この価値観のギャップを利用して、日本に持ち込んだ銀を欧米列強側が本国よりも3倍有利なレートで金に交換して儲けられたということだ。

阿漕《あこぎ》な商売のように思えるかもしれないが、こういった価値観と価値観の隙間で利益を上げるのは、そもそも、私のような商社マンが得意としてきた仕事だ。ある国では市場で廃棄されていたイクラなどの魚卵を、別の国で高級食材として売る。それは、商社ビジネスのダイナミックな成功例だ。

そして、その際に成功の背景となったのは、ある国の「魚卵は捨てる」というスタンダードと、輸出先の国の「魚卵は高値で取引される」という異なるスタンダードの間にあった価値観のギャップであることは再確認すべきだ。複数のスタンダードを常に自分の内に用意しながら、それらとの関係でどことビジネスをすれば最大の利益を得られるかを考える。この視点を持ち合わせていなければ、現在の社会でビジネスを展開し、成功することはできないはずだ。

「アンゴラ・モデル」の行方

チャイナマネーによるアンゴラ・モデルの一例が、02年まで続いたアンゴラ内戦によって破壊されたベンゲラ鉄道の再建である。そのほかにも中国はアンゴラでインフラ整備全般を広く担い、中国語で「鬼城（ゴーストタウン）」と呼ばれる新都市・キランバなどの整備もおこなった。それもこれも「開発途上国に対する支援は、貧困削減などの効果が期待できる国にIMFが提示し、求める構造改革とセットで供与するべき。そして、IMFは国家の破綻を防ぐ〝最後の貸し手〟である」という途上国の開発援助に関するグローバル・スタンダードとは価値観の異なる次元でアンゴラと中国の関係が結ばれた結果である。

そして、アンゴラのようなケースは、アフリカはもちろん世界の隅々にまで拡がろうとしている。ここ最近では、中国から融資を受けたもののデフォルトに陥ったスリランカの例や、アフリカと同様に中国がインフラ投資を進めようとしている南太平洋の島嶼国《とうしょこく》に関するニュースが盛んに報じられている。中国が掲げる「新たなスタンダード」、あるいは「もうひとつのスタンダード」が現実的に普遍性を持ちつつあるのだ。アンゴラのロビトとタンザニアのダルエスサラームを結び、19年に開通した〝アフリカ横断鉄道〟も中国からの援助（融資）によって実現した。ケニアでも、雄大なサバンナの大地を切断するように、中国からの融資で敷設された「モンバサ・ナイロビ標準軌鉄道」が延伸を続けている。

これらのアフリカ諸国に対する中国からの融資は、そもそもの契約内容もＩＭＦや世界銀行の融資とは価値観の異なるものだ。たとえば、アンゴラ・モデルを生んだ融資では、アンゴラ経済の主力である原油輸出を担保に取っている。天然資源の輸出で得られる利益を融資の担保として差し出すというのは、国家の基盤である国土を経済活動の発展の見返りとして割譲するのに等しい行為だろう。そのため、民主主義国家ではスタンダードとして、手続きを進める上で「国民投票」などの法律上のハードルが設けられているはずで、ＩＭＦや世界銀行からの融資はこのような担保は要求していない。

アフリカの現実

では、なぜ実際に、アフリカ諸国などでは「開発融資契約」と呼ばれる、従来のスタンダードを無視した契約が結ばれたのだろうか。最大の理由は、アフリカ諸国との開発融資契約の内容に関して、債権者・債務者の双方に守秘義務が課されている点にある。仮に金欲に溺れた独裁者ならば国土や資源は自分の欲望を満たすためには絶好の材料だが、そんな融資契約の内容が公開されれば国民からの糾弾は避けられない。ヘタをすれば売国奴として公開処刑されるかもしれない。その極秘案件も、コロナ禍で各国の財政問題（特に対外債務）に注目が集まる過程で、ようやく一部が明るみに出た。

ＩＭＦや世界銀行が中心となる従来型スタンダードの開発支援体制では、「貧困の根絶」や「政治の浄化」といった公益を条件として掲げている以上、融資された金額がどこに支出され、どのような成果を上げているかを示す情報の開示が必要不可欠である。それは、独裁政権にとっては都合がわるい。そして、いずれ契約の内容が明るみに出るとしても、独裁者も権力が永遠でないことはわかっている。

アンゴラ・モデルのような「成功例」が将来的に矛盾や問題点を指弾されることがあったとしても、その頃には独裁者個人はこの世にいない可能性が高い。

「それよりも、自分の在任中に高度経済成長を実現することだ。成長によって汚職は覆い隠せる」

亡国の権力者が、そう考えたとしても不思議はない。そして、この〝太く短く〟の理念こそが、新たな時代にスタンダードとしての地位を確立しつつあるように思える。

しかし、一方で、こういった危険を含んだ中国からの開発支援（融資）を従来型のスタンダードに照らし合わせて「ルール違反だ」と批判するのは、その従来型スタンダードを信奉している欧米諸国の視点でしかない。

後述するが、中国のアフリカ支援は近年に始まったことではない。建国直後の1950年代から長期的ヴィジョンをもって進めてきた国策だ。50年代といえば、中国もまだまだ貧しかった。そんな時代から、欧米のスタンダードとは異なる視点でアフリカ支援を続けてきたのだ。

さらにいえば、中国人が海外に出て鉄道建設に従事するのも、アフリカが最初ではない。1869年に米国のネブラスカ州オマハからカリフォルニア州のサクラメントを結んで開通した大陸横断鉄道建設には、数万人規模で中国人が従事していた。彼らは苦力《クーリー》と呼ばれた労働者で、奴隷制廃止後の米国で奴隷に代わる労働力として期待され、中国大陸から米国へ約10万人が渡ったといわれている。

米国の大陸横断鉄道建設には、もちろん苦力だけでなく奴隷制度から解放されたアフリカ系米国人も加わっていた。現代のアフリカ人のなかにも、中国人を「かつて、ともに働いた友」と捉える人がいてもおかしくないだろう。少なくとも、大陸横断鉄道建設で自分たちに苦役を強いた白人社会よりは親近感を覚えるに違いない。

スタンダードとは、なにか。なにを信じて生き、ビジネスを展開していけばいいのか。

この疑問に答え、多様性とマルチ・スタンダードの時代に生き残る術を、本書を通じて示すことができればと考えている。

目次

鉄道が実現する「権力が反映された国土」／「コンパクトシティ構想」と鉄道
市街の「15㎞手前」に新設された駅／世界が求める「スタンダード」とは？
コラム　ケニアで水産ビジネスを新規展開

第2章 中国の融資の罠とグローバル・スタンダード

鉄道ビジネスの現実／コストは安全性に優先する!?
「グローバル・スタンダード」を巡る米国の戦略／日本の苦い経験
鉄道におけるスタンダード争い、ゲージ戦争／ベルリンの壁と「鉄道の壁」
新自由主義経済とグローバル化／オフサイド・トラップ
融資の罠
コラム　中国ビジネスで押さえておくべきポイント

第5章　会社を辞めて見つけた自分のスタンダード　143

南米チリでウニを買い付ける著者

第1章
鉄道ビジネスがデザインする「権力」と「国家」

アフリカは鉄道ビジネスのフロンティア

まずは、アフリカの鉄道から話を始めよう。

米国のCIA（中央情報局）が毎年発行している『ザ・ワールド・ファクトブック』に掲載されている国別の鉄道総延長統計を見れば、アフリカが鉄道ビジネスにとって魅力溢《あふ》れるフロンティアであることがわかる。

2013年版の同レポートで鉄道総延長の上位に名を連ねているのは1位・米国、2位・ロシア、3位・中国という広大な国土を有する国々。4位以下にもインド、カナダ、オーストラリアといった大国が続いている。日本は、10位ブラジルと12位ウクライナに挟まれた11位で、国土面積の割には健闘しているといえるだろう。

アフリカ諸国で最上位に来るのは、30位のスーダン。11年に南スーダン共和国が分離独立するまではアフリカ諸国で最大の国土を有していた大国（現在でもアルジェリア、コンゴ民主共和国に次いで3位の面積）だが、総延長は世界平均8561kmを大きく下回る5978kmに過ぎない。国土面積の比較ではスーダンの10分の1以下で島国のキューバが、より上位の25位にランクされていることを考えれば、まさにアフリカは鉄道ビジネスにとって成長の余地を存分に残した黄金色のフロンティアなのだ。

では、まずアフリカ最長の総延長距離を誇るスーダンの鉄道がどのようなものか、見てみよう。

スーダンの鉄道網の大半は、英国の植民地時代（エジプトとの共同統治）に敷設されたもので、現在は国営のスーダン鉄道（Sudan Railways Corporation）が運営している。しかし、1954年にスーダンの自治政府が発足し、56年に独立を実現してから半世紀以上が経過している。その間、2度の内戦を経験するなど不安定な政情が続き、植民地時代の遺産である鉄道はメンテナンスも十分に受けられないまま野ざらし状態で老朽化していった。

83年から22年間続いた第2次スーダン内戦では南部の都市ワーウ（現在は南スーダン共和国領）付近の路線で鉄橋も破壊され、老朽化も加わって3分の1以上の路線が運行不可能という事態に陥っている。スーダン鉄道がもっとも荒廃していた90年代には、旅客営業は首都ハルツームからエジプトとの国境の都市・ワジハルファを結ぶ路線などごく一部に限られ、しかも週1本程度の運行。平均速度は時速10～30㎞程度だった。貨物輸送も、スーダン鉄道の扱い量は国内の総輸送量の6％以下という状態が続いてきた。

そんな窮状に手を差し伸べたのが、中国だ。

2005年に連立のバシール政権が成立するとスーダンの内戦状態は沈静化に向かい、内陸部の油田開発がようやく現実味を帯び始めた……そんなタイミングだった。07年、中国（国有企業「中国鉄路工程」）はスーダン政府と鉄道網の近代化に関する業務委託契約を交わすと、まず、ハルツームから輸出港・ポートスーダンを結ぶ幹線の整備に着手したのだ。おそらく（前述のように契約内容は非公開だが）、中国が請け負った鉄道の近代化業務へのスーダン政府からの支払いは、油田開発プロジェクトからの利益が担保に充てられているはずだ。

ESG投資としての鉄道

ジェトロ・アジア経済研究所は「アフリカにおける中国—戦略的な概観」と題されたレポートのなかで次のように記している。

　中国は現在アフリカ35カ国でインフラ・プロジェクトに関与している。アンゴラ、ナイジェリア、スーダンにプロジェクトが集中している。（中略）同国の活動はこれまでふたつの分野、すなわち発電（とくに水力発電）と運輸（とくに鉄道）でみられ、これにICT分野（主に機材の供給）が続いていた。

中国からの開発援助が鉄道と水力発電のプロジェクトに特に集中していることを指摘しているが、このふたつのプロジェクトには「ローテクを基盤としている」という共通点がある。たとえば、現在の日本の新幹線はハイテクを駆使した運行システムでダイヤと安全を守っているが、現在のようなハイテクが存在しなかった時代でも「定時に安全に運行する」という大前提に大きな問題はなかったはずだ。それが、鉄道という産業の本質だろう。

水力発電も同様。プロジェクトの基盤は「水力を利用してタービンを廻し、発電する」という極めて初歩的なテクノロジーで、自転車のヘッドライトの電源をタイヤの回転によって確保しているのと同じ原理だ。そして、こうした〝ローテク・プロジェクト〟では、入札の際に、どうしても「品質よりも価格の安さで勝負」という中国企業が有利となってしまうのだ。

さらに、鉄道に関していえば、アフリカで最長の総延長距離を誇るスーダンの鉄道ですら国内の総輸送量の6％以下しか担っていない状況を考えると、中国がアフリカにおける鉄道プロジェクトに大いなる未来を見出したとしても不思議はない。しかし、蒸気機関の発明によって鉄道が普及した19世紀からモータリゼーション発展の20世紀を経て、鉄道による輸送量の低迷はアフリカだけでなく世界的な傾向といえる。じつは、日本国内の鉄道による貨物輸送量も80年代以降、5％前後で推移しているのだ。これは、鉄道以外の航空機や自動車での輸送の効率を、そのインフラ整備にかかる費用まで含めて考えれば、その理由が明らかになるはずだ。

いうまでもなく、鉄道輸送には線路が必要だ。

当然、線路を敷設するための用地買収に莫大な初期投資が必要になる。これに比べて、たとえば航空機による輸送の場合には「線路敷設のための用地買収」といった初期投資は不要だ。始点と終点の2点に空港というインフラさえ整備すれば、空港間の用地買収など必要なく運用することができる。時代全体が、19世紀の鉄道から20世紀の自動車と航空機へと、輸送の主役交代を後押ししてきたのだ。

けれど、21世紀に入り、時代は一変した。まず「脱炭素」という地球全体のテーマが確認され、従来のガソリン車に対してネガティブな方向へと急激な世論の方向転換がおこなわれた。自動車業界では電気自動車という新たなソリューションが提示されているものの、現状ではガソリン車に比べて頻繁なエネルギー補給が必要となるため長距離の移動に際しては途中に充電ポイントを設置することが不可欠で、結局のところ用地を買収して鉄道を敷設するのと大差ないインフラ投資が必要になってしまう。

そこで、「陸路の輸送なら自動車よりも鉄道の可能性を再考すべきではないか」という論調が世界中で説得力を増してきたのである。

また、20世紀末から21世紀へという時代は、ヨーロッパという世界経済の主要プレーヤーにとってはEUの統合を通じて域内の国境が意味を失っていった時代でもある。21世紀に入ると、市民の生活レベルでも統一通貨ユーロが流通するようになった。こうなると、もともと米国に比べれば狭小な地域に各国が存立していたヨーロッパでは、移動・輸送の手段として鉄道が俄然、存在感を増すようになったのである。

その理由は単純で、EU圏内で国境を越える際の通関手続きが、鉄道を利用すれば飛行機での場合よりも簡単だからだ。たとえば現在、東京から大阪に移動する際には飛行機を利用している人も、飛行機で大阪入りすれば手続きが必要で、新幹線を利用すればその手間が大幅に省けるとしたら、その多くが飛行機から新幹線へと移動手段を変更するだろう。

「脱炭素」の観点から、特に航空機には環境保護を訴える各団体から批判が集中してもいる。比較的穏健な団体でも国内便の運用は廃止すべきという主張を展開している（グレタ・トゥーンベリは19年に国連気候行動サミットに出席する際にも旅客機の利用を拒み、母国・スウェーデンから英国経由でヨットで大西洋を横断してニューヨークに渡った)。実際にジェット機の燃料消費は凄まじく、フランス空軍が誇るジェット戦闘機「ミラージュ」が1時間の訓練飛行で消費する燃料は、一般的な家庭の暖房・360年分に相当するといわれている。

環境重視の観点から、環境(Environment)と社会(Social)とガバナンス(Governance)を結ぶ「ESG投資」にも関心が集まる現在、鉄道ビジネスは推奨されるべきインフラ投資としても位置づけられているのだ。

"居抜き"物件を利用する中国

前掲したジェトロ・アジア経済研究所のレポートでスーダンと並んで中国のインフラ支援が集中している国として挙げられていたアンゴラ、ナイジェリアは現在、どのような状況にあるのだろうか。

大西洋に面したアンゴラの港湾都市・ロビトから隣国・コンゴ民主共和国のカタンガ州まで延びるベンゲラ鉄道も、ポルトガルの植民地時代に敷設されたものだ(1904年着

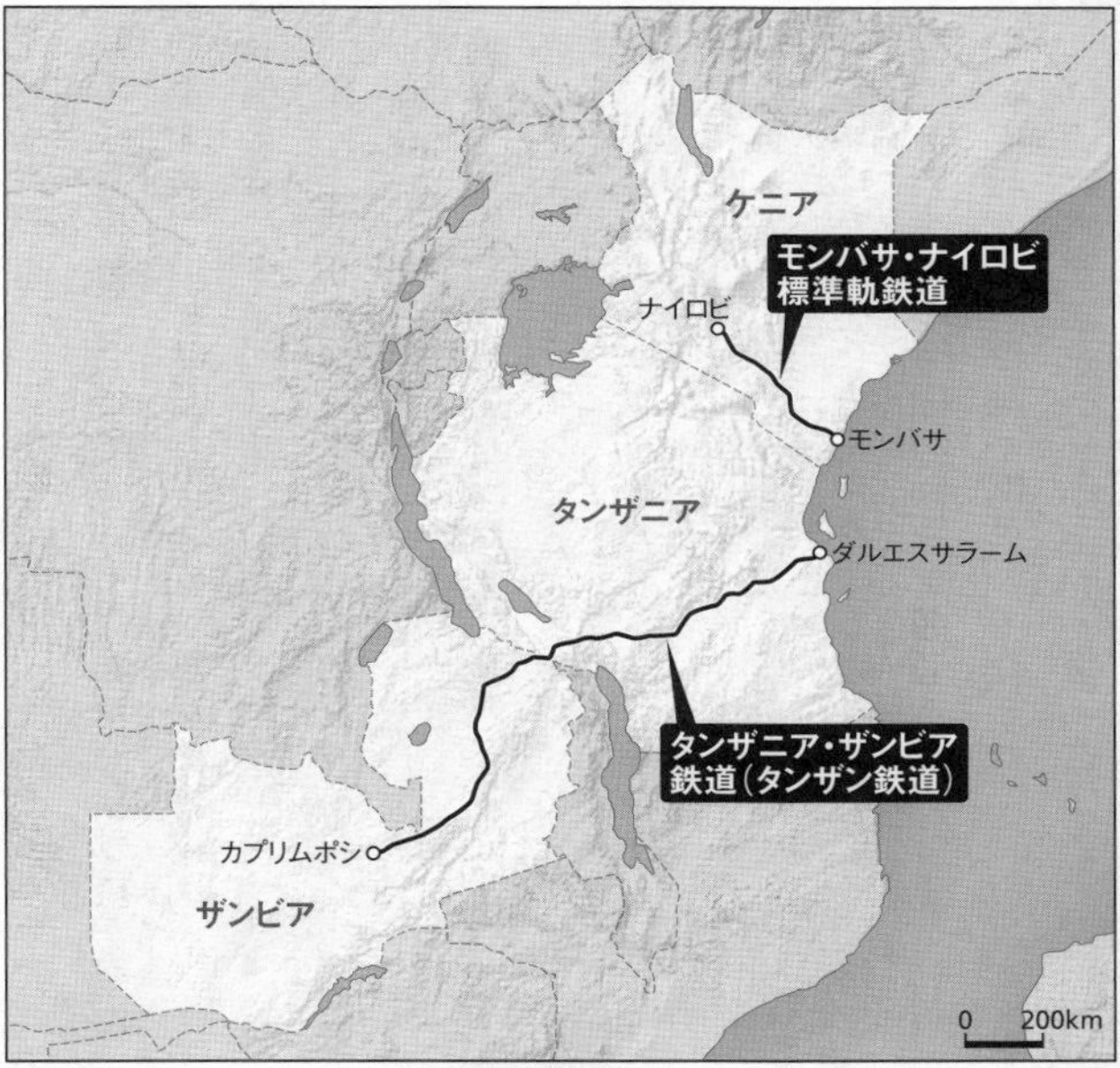

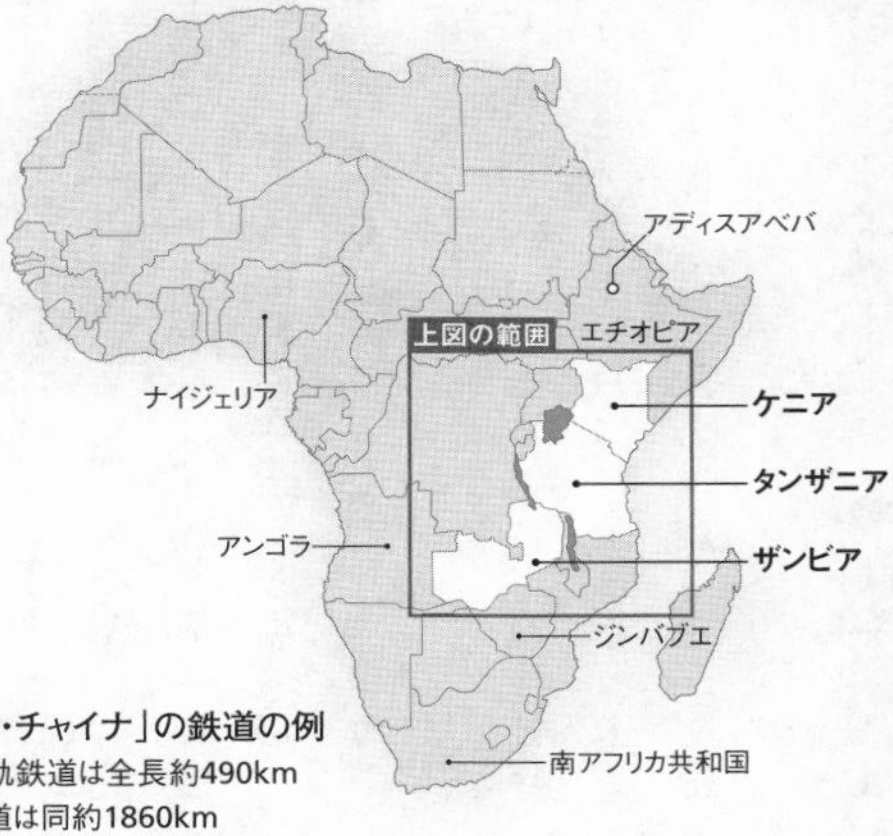

中国を走る「メイド・イン・チャイナ」の鉄道の例

- ●モンバサ・ナイロビ標準軌鉄道は全長約490km
- ●タンザニア・ザンビア鉄道は同約1860km

工、29年全通)。独立後に勃発したアンゴラ内戦(75~2002年)では対立する勢力の双方から攻撃を受けて各地で線路が寸断され、全線不通状態に陥っていたのも、スーダンのケースと同様。そして、内戦終結後に中国が鉄道復旧のために手を差し伸べた構図も同じである。

復旧工事を請け負ったのは、やはり中国の国有企業である「中国鉄建」。総工費・18億3000万ドルを費やし、2014年8月にベンゲラ鉄道は全線開通した。また、設計速度も、休止以前の時速30㎞から最高時速90㎞へと引き上げられた。さらに、19年7月にはタンザニアのタンザン鉄道(タンザニア・ザンビア鉄道、全長約1860㎞)と接続し、アフリカ大陸の大西洋岸とインド洋岸を結ぶアフリカ大陸横断鉄道も開業した。タンザン鉄道は、1970年代に中国からの支援で敷設されていたものだ。

ナイジェリアの鉄道網も、14年に中国鉄建が総延長1385㎞の工事を131億2200万ドルで受注して建設されている。そして、わずか2年後の16年7月には、はやくもアブジャ―カドゥナ間の路線を開通させている。わずか2年で開通させたのは驚きだが、その後も続々と各路線が開通している。

さらに、ケニアでも中国からの支援でモンバサ・ナイロビ標準軌鉄道(全長約490

東アフリカ、ケニアの首都ナイロビと第二の都市モンバサ間、
約490㎞を結ぶモンバサ・ナイロビ標準軌鉄道。中国の支援で建設された

km）が敷設され、17年5月に開業している。この鉄道の走る高架橋を、私はナイロビ国立公園のなかから眺めたことがある。多くの野生動物が生息し、自然公園にも制定されている雄大なアフリカの大地を横断するように中国製の鉄道が走る光景を想像すると、私は強いショックを受けた。圧倒されたといってもいい。けれど、同時にそれは現在の中国経済が持つ〝力〟を雄弁に語るリアルな情景でもあった。

このように、現在、アフリカの大地ではメイド・イン・チャイナの鉄道網が恐るべき勢いで整備されていっているのである。この章では、この現状を紹介することがテーマだが、日本がこの現状と向き合い学ぶべき教訓をひとつ指摘しておきたい。

アザデガン油田の教訓とサハリン2

２０２２年5月現在、ロシアのウクライナ侵攻が継続中で、日本政府もロシアへの経済制裁で欧米と足並みを揃える姿勢を見せている。マクドナルドやアップルといった企業が続々とロシアにおけるビジネスから撤退している状況で、日本企業がロシアから受注して開発を続けてきたエネルギー・プロジェクト「サハリン２」も継続するか、撤退するかの決断が迫られている。

仮に、日本がサハリン2から撤退しても、03年にロシアから受注して以来進めてきたプロジェクトの〝遺産〟は残るだろう。それは、現在のアフリカ諸国を植民地支配していた旧宗主国が敷設し、その後は野ざらし状態となっていたスーダンの鉄道網やアンゴラのベンゲラ鉄道と同じだ。サハリン2も、日本が撤退すれば、中国がその〝居抜き〟物件を利用することを前提にロシアから新たな契約を取りつけるのは間違いないだろう。

実際に、同じようなことを、すでに日本は経験している。イランのアザデガン油田の開発だ。

推定260億バレルという世界屈指の埋蔵量を誇る油田だが、1980年からのイラン・イラク戦争で開発に着手できない状態が続いた後、イランと日本の政府間の合意を経て2004年に日本側は75％の権益を得る開発支援契約を結んでいた。しかし、直後の05年、イランでアフマディーネジャード政権が誕生すると米国との緊張が一気に高まったのだ。そして06年、国連の安全保障理事会はイランへの経済制裁を決議。こうした国際世論の流れに従う形で、日本も同年10月に、すでに開発が進んでいたアザデガン油田の大部分をイラン側のパートナー企業に譲渡することとなった。

ここまでの流れは、サハリン2のケースと酷似している。日本が大規模な撤退をした後、

07年から同油田は生産を開始する。日本側の努力によって、開発はかなりの段階まで進んでいたのだ。そして、さらなる開発のために資金が必要になるとイラン政府は、09年に中国の国有企業「中国石油天然気集団」と開発参加の契約を結んでいる。

中国にとってアザデガン油田は最高の〝居抜き〟物件だったはずだ。サハリン2も、同様の道を辿る可能性が高い。2022年5月、三井物産はサハリン2を含むロシアでのエネルギー開発事業の継続を発表したが、同時に同事業の資産価値を806億円切り下げ、同年3月期の決算で209億円の損失を計上している。

ウクライナ侵攻後にロシアが科された経済制裁によってロシア国債の格づけが下がったためだが、三井物産からロシアのエネルギー開発への融資残高は約4600億円といわれている。同社は事業を継続するにしても今後、ロシアへの経済制裁強化を求める国際世論の圧力だけでなく、経営面のリスクとも向き合っていかねばならない。先行きは不透明だ。

「南南協力」という中国のビジネスマインド

このように、鉄道プロジェクトを通じた中国のアフリカ進出は凄まじい。そして、中国によるアフリカ諸国での鉄道復旧や建設は21世紀に入ってから着手・実現したものが多い。

これだけを見ると、急速な経済発展で力をつけた中国が大国の態度で手を差し伸べているような印象を受ける。しかし実際には、中国は鄧小平《とうしょうへい》の実践した開放政策で経済発展への歩みを始める1980年代後半以前から、アフリカ諸国へのアプローチを進めていたのだ。

前述のベンゲラ鉄道とつながったタンザン鉄道が、中国によって70年代に建設されていたことを思い出してほしい。じつは、中国がアフリカへの支援を始めたのは50年代のこと。中華人民共和国の建国が49年だから建国直後から、そして大躍進政策や文化大革命の失敗で中国が疲弊していた60～70年代も通じて継続していたのである。

世界銀行が公表している資料によれば、60年時点での中国のGDPは464億ドル。2017年の12兆2504億ドルと比較すれば、じつに250分の1程度に過ぎなかった。世界の最貧国というほどのレベルではないが、その後の文化大革命（1966～76年）の失敗では数千万人もの餓死者が出たといわれている。

そして、そんな時代にも中国はアフリカへのアプローチを続けてきたのだ。自分自身の今日の食事もままならない状況で、自分よりも貧しい対象を見つけて支援という名目でカネを貸して利益を得ようとする商魂（ビジネスマインド）は注目に値するだろう。そして、中国がアフリカへのアプローチを始めた50年代というのは、この章の冒頭で紹介したスーダンが56年に独立したように、アフリカ諸国がかつての植民地支配から脱して独立を勝ち得ていった時代と重なっているのだ。

自分たちと同じように第2次大戦後に独立したアフリカ諸国に対する支援を、中国政府は「南南協力」と名づけた。

従来の開発途上国（南）に対する支援が、先進国（北）からの垂直型プロジェクトだったのに対して、中国は同じ開発途上国同士（南＋南）の協力関係を提唱したのだ。今日の視点からは慧眼というべきだが、当時、独立直後の中国も国連非加盟（71年、中華民国に代わって代表権を得た）で世界の外交コミュニティからは外れたポジションにあった。

そして、中国の「南南協力」は、アフリカでは確実に〝スタンダード〟としての地位を確立していったのだ。

国連制裁の煽りを受けたザンビアを救う

タンザニアのダルエスサラームとザンビアのカプリムポシ間を「タンザン鉄道（タンザニア・ザンビア鉄道）」が走っている。現在のタンザニア・ザンビア地域（ザンビアはかっての英領北ローデシア）が植民地支配から独立したのは60年代に入ってからのこと。北ローデシアは銅鉱石の産地で、植民地時代には南ローデシア（現ジンバブエ）を経由して南アフリカ共和国の港湾から輸出していた。

しかし65年、南ローデシアの自治政府が一方的に独立を宣言し、しかも当時の南アフリカ共和国と同様のアパルトヘイト（人種隔離政策）を実施するとしたために国連が南ローデシアを経済封鎖してしまったのだ。こうなると、ザンビアは銅鉱石を輸出できなくなってしまう。南ローデシアを経由せずに、ザンビア産の銅鉱石をインド洋岸の港湾まで運ぶための新たな鉄道建設の必要性が一気に浮上してきたのだ。

このタイミングでタンザニアの初代大統領ジュリウス・ニエレレは中国を訪問した。そこで中国当局からタンザン鉄道の建設を提案され、70年に中国・タンザニア・ザンビアの3者間で契約が締結されたのである。それに先立つ67年からタンザニア・ザンビアの両国では社会主義化政策が進められていった。両国の中国への恭順は、大統領をはじめとする政治指導者たちの服装にも表れていった。植民地時代からの旧宗主国の文化であるスーツ姿から、タンザニア・スーツと呼ばれる人民服風のものを着て公式の場に現れるようになったのだ。

工事に際して中国はタンザニア・ザンビアの両国に合計4億3２0万ドルの借款を与え、約2万人の中国人労働者が現地に派遣されて、約3万人の現地人労働者とともに働いた。そして76年、中国は完成したタンザン鉄道をタンザニア・ザンビアの両国に引き渡す。これによって、両国は経済の屋台骨を支える資源・銅鉱石を輸出するルートを獲得したのである。

このケースは他のアフリカ諸国からも注目されたはずだ。国連の制裁は対南ローデシアであったが、それによって窮地に立たされたタンザニア・ザンビアを、中国が独自の支援で救った。アフリカで中国の存在感が一気に高まったのは間違いない。

スタジアム外交に見る21世紀の「パンとサーカス」

こうした先進的な取り組みと、現在の圧倒的経済力を背景に中国の鉄道ビジネスはアフリカを席巻している。それに加えて、開発支援交渉の受け入れ側（カウンターパート）となるアフリカ諸国の首脳たちへのアプローチも、権力者たちの心理を巧みに利用しているように思える。

中国からタンザニア・ザンビアへの支援は鉄道建設だけではなかった。軍事基地も建設され、中国から兵器も供与された。しかし、鉄道と並んで中国からアフリカへの支援を象徴するものを、もうひとつだけ挙げるならスタジアムだろう。

タンザニアでは77年に中国からの支援によってアマーン・スタジアムが建設されたが、現在ではアフリカの40以上の国々で、中国からの支援によって建設されたスタジアムが威容を誇っている。「はじめに」で紹介したアンゴラ（中国の支援でベンゲラ鉄道を復旧）では、2010年に同国で開催されたサッカーのアフリカ選手権に向けて4カ所に近代的なスタジアムが建設されたほどだ。

しかし、なぜスタジアムなのか？

かつてのローマ帝国では、統治のための2大ツールとして「パンとサーカス」が掲げられていた。パンというのは、国民の腹を満たすこと。中国からの支援による鉄道の建設・復旧で経済が活性化すれば国民の腹も満たされるはずだから、鉄道はパン。そして、サーカスは娯楽を与えることだった。つまり、飢えをなくし、ストレス発散につながる娯楽を提供できれば、国民は多少の汚職があっても文句はいわない、という考えだ。世界遺産・コロッセオも、ローマ帝国が掲げた〝サーカス政策〟の一環だ。また、現存はしていないが、ローマの市内や近郊には複数の競馬（馬車レース）場があったことが明らかになっている。

この統治理念は、ローマ帝国の崩壊後も権力者たちに脈々と受け継がれていった。たとえば、政情が不安定だった1960～70年代の南米では「クーデターや革命を防ぎたければ、サッカーのワールドカップを開催しろ」というのが権力者たちの間で合言葉のようになっていたという。チリは62年にワールドカップを開催したが、50年代を通じて同国の政治は農地改革も実効性を欠くなど既得権益層寄りで、庶民には不満がたまっていた。しかし、左派のアジェンデ政権が誕生するのは70年。南米人の誰もが熱狂するサッカーの祭典が、政治改革への動きを遅らせた可能性は大である。

78年のワールドカップ・アルゼンチン大会は、76年のクーデターで成立した軍事政権下で開催された。2022年の現在ならばミャンマーでスポーツの国際イベントを開催するようなもので、当時もオランダ代表のスーパースター、ヨハン・クライフが出場をボイコットしたが、結果的にこの大会で地元アルゼンチンは初優勝を飾った。軍事政権への不満も、一時的には収まったに違いない。

そしてスタジアムは、国民の娯楽だけでなく、独裁者の権力を誇示する場としても非常に大きな力を発揮する。ヒトラー政権下で開催された36年のベルリン・オリンピックの記録映画や、北朝鮮のマスゲームを見れば明らかだろう。

かつて、世界最大のスタジアムといえばブラジル・リオデジャネイロの旧マラカナン・スタジアムで、最高20万人の収容人数を誇った（1950年のワールドカップ決勝では立ち見も含めて30万人を収容したともいわれる）が、改築後の現在のスタジアムは8万人のキャパシティ。代わって世界一の座に躍り出たのは、北朝鮮のマスゲームがおこなわれる「綾羅島《ルンナド》5月1日競技場」だ。

マラカナン・スタジアムの巨大さの背景にはブラジル国民のサッカー熱があるはずだが、綾羅島5月1日競技場は北朝鮮の経済力を象徴しているわけでもない。北朝鮮に世界最大のスタジアムが存在する理由は、それだけの巨大さを求める独裁権力がそこに存在しているからにほかならない。

そして、独裁者の権力がスタジアムにおいて発揮されるのはオリンピックなどの〝ハレの日〟だけではないのだ。

独裁者とスタジアム

ワールドカップ開催から11年後、73年にチリで左派・アジェンデ政権をクーデターで倒したアウグスト・ピノチェト将軍（のちに大統領）は戒厳令を敷き、アジェンデ政権を支持してきた左派の活動家を首都・サンチャゴの国立競技場に連行して虐殺したのである。ワールドカップの決勝戦がおこなわれたスタジアムだ。

虐殺されたなかには、チリの国民的フォーク・シンガーでアジェンデ政権を支持してきたヴィクトル・ハラも含まれていた。彼の『平和に生きる権利（El derecho de vivir en paz）』は今日でも世界中の多くの若者に愛されているメッセージソングだ。

ほかのアジェンデ政権支持者たちとともにスタジアムに連行されたハラは、そこで仲間を励ますためにアジェンデ政権のテーマソングであった革命歌『ベンセレーモス（Venceremos）』を唄った。すぐにギターを取り上げられ「二度とギターを弾けないように」と銃で両掌を撃ち砕かれたが、それでも歌い続けたために射殺されたという〝伝説〟が残っている。

のちに公表された現場の写真を見ると、連行された人々は後ろ手に縛られていて、ハラがギターを弾いたという点には疑問が残るが、彼がスタジアムで虐殺されたことは間違いない。そして、クーデター後、最初の１日で確認された死体は２７００体に上るといわれている。

つまり、スタジアムというのは権力者にとって利用価値の高いインフラ設備ということだ。そして、アフリカにおける中国からの支援が水力発電と鉄道建設に集中していて、その両者の間にはローテクを基盤としている共通点があることを述べたが、スタジアム建設も同様だ。

２００８年の北京五輪でメインスタジアムとして使用された北京国家体育場（通称、鳥の巣）の建設費は約35億元（約５００億円）といわれている。それに対して、21年に開催された東京五輪のために建設された新国立競技場の建設費には最終的に１５００億円以上が投じられた。さらに、ご記憶の読者も多いと思うが、当初は同スタジアムの設計がザハ・ハディドに依頼されていた。その設計に沿った建設費には、なんと約３５００億円が計上されていたのだ。「鳥の巣」と比較すれば約7倍のコストだ。この格差の背景にあるのは日中間の人件費コストの圧倒的な違いだ。

そして、このコスト格差は、中国がタンザン鉄道の建設に際して自国から約2万人の労働者を派遣したことを考えれば、アフリカの地においても日本が逆転することはできない。新スタジアム建設の受注を巡って日本と中国が競合しても、コスト面では入札で中国が日本に負けることはない。それは、日本だけでなく、従来から世界銀行やＩＭＦを通じてアフリカへの支援を続けてきた欧米諸国にとっても同じことだ。

鉄道が実現する「権力が反映された国土」

このように、手始めにスタジアム建設を援助して、次に鉄道などのインフラ開発に手を伸ばしていくのが、中国からアフリカ諸国への開発援助を通じた経済的アプローチの常道だ。鉄道は空路・水路などでの輸送とは異なり、単に輸送量を飛躍的に増やして経済を活性化させるだけでなく、国家権力にとっては統治の面でも大きな意味を持つ案件といえる。

スーダン鉄道の例でも、南スーダン共和国が分離独立に向かった内戦では独立派の地域に延びていた南部路線で鉄橋が破壊されたことを紹介したが、そもそも鉄道は国家権力の象徴である。だから、内戦にまで発展した分離独立の過程では双方の利害が一致する形で鉄橋が破壊されたのだろう。実際のところ、国家が領内のどこに鉄道を敷設するか、あるいは、どこに敷設しないかは、権力がどのような国家像を求めているかが問われる案件なのである。

日本国内で最初に鉄道が運行されたのは明治5年（1872年）の新橋駅（のちの汐留《しおどめ》貨物駅）・横浜駅間だが、その後に明治政府が進めた鉄道網の整備を見ると、同政府が新たな日本にどのような国家像を求めていたかが浮かび上がってくる。

日本の首都・東京では従来、東海道本線・中央本線の起点となる東京駅と、東北本線の起点となる上野駅が鉄道における2大〝玄関口〟として認知されてきた。その後、東北新幹線も東京駅を始発とするようになり、両駅の違いが認識されることは少なくなった。しかし、現在でも両駅の駅舎としての設計には、多くの点で建設当時の根本的な理念の違いが色濃く残されている。

明治政府は、1872年に新橋・横浜間で最初の鉄道を開通させると、89年には新橋・神戸間の東海道本線を全線開通させ、1911年には中央本線も開通させている。しかし、日本地図を見れば圧倒的に広大な面積を持つ東北地方への鉄道建設には手をつけず、ほとんど放置してきたといっていい。その背景には、幕末から明治維新へと向かう動乱期に、東北の諸藩が幕府への忠誠を示して明治政府に最後まで抵抗した歴史があった。

発足当初の明治政府は、幕末に不平等条約を結ばされた欧米列強への対応もあり、決して安定していたとはいえない。外交上の問題を抱えていた以上、内政には細心の注意が必要だった。その点で、幕末からの動乱で苛烈な制裁を加えた先である東北地域が再び力をつけて明治政府を脅かす存在になることは絶対に避けねばならなかった。そのために、鉄道の敷設によって東北地域が経済力を増すことに、明治初期においては抑圧が必要だとする意見が政府内でも力をもっていたと思われる。

明治政府は東京から京都、大阪へと西方に向かう鉄道の整備を進めながら、鉄道が近代国家の建設において重大な役割を担うことは十分に承知した上で、東北地方には鉄道を敷設しようとしなかったのではないか。

そのためであろうか、東北本線は明治の新政府に頼らず、同線域で経済的な力を持つ有志たちの出資によって設立された日本鉄道という法人によって、そのプロジェクトがスタートしたのである。そのため、東北本線は１９０６年に国営化されるが、その起点となる上野駅は、１９１４年に開業する東京駅とは完全に異なる設計理念によって建設されている。

上野駅の初代駅舎は三村周によって設計されたが、改札の向こうに各路線の列車が並んで待機している光景は今も変わらない。ヨーロッパの鉄道駅によく見られる設計で、私が訪れたことのある海外の駅でいえば、パリ北駅やロンドンの駅も同様の構造だ。また、かつての東急東横線・渋谷駅や阪急電鉄の梅田駅も同様だ。

一方、明治政府の〝国策〟によって建造された東京駅は当初、明治政府が招聘したドイツ人フランツ・バルツァーによってオランダのアムステルダム駅をモデルに設計されたとする説もあった。すでに新橋駅との間で高架化が計画されていたこともあって、改札口はプラットフォームの階下にあり、そこから階段を上って乗車する構造となった。のちのち多くの路線が東京駅に乗り入れたことを考えれば合理的な設計だったといえるだろう。

しかし、将来的な乗り入れ路線増加を視野に入れた設計でありながら、その設計を依頼した明治政府は東北に鉄道を敷設することは考えていなかったのだ。

「コンパクトシティ構想」と鉄道

鉄道網が「国づくり」「街づくり」の基本デザインを決定するというのは、明治維新に限った現象ではない。現代の日本でも実践されている。

北陸の富山市は、森雅志前市長（在任期間2002～21年）によって09年以降、「コンパクトシティ構想」が掲げられ、計画が進められてきた。計画の中核となるのは、それぞれ富山駅の南側と北側から延びていた2本の路面電車を接続させること。富山市には、昭和の初めの開業以来、〝市電〟の愛称で親しまれてきた旧・富山地方鉄道と、2006年に開業したライトレールという2本の路面電車が走っていたが、事業者も異なり、接続されていなかったのだ。

この構想は鉄道を利用した通勤を増やすことでCO_2の削減を加速させる大きな目標を掲げているが、同時に市民の生活圏を新たに接続される路面鉄道の路線域に集約し、市の財政負担を軽減する狙いもあった。そのために、駅北側の再開発も並行しておこなっている。

富山市は路線域外から域内に移住する市民に対しては助成金も給付し、ふたつの路面鉄道が結ばれた新たな「富山ライトレール」も20年に開通した。富山市のコンパクトシティ構想は、鉄道網の再編を軸に確実に前進しているようだ。

また、富山・金沢にも15年、北陸新幹線が開通したが、これは92年に東京―山形間で開通した山形新幹線よりも後回しにされた結果だ。かつて北前船の集積港として日本海沿岸の物流の中心だった富山としても、加賀百万石の金沢としても山形に先を越されたのは面白くない。また、地域経済学的にも、富山・金沢よりも山形を優先した理由は説明が難しいだろう。では、なぜ、こんなことになったのか？

富山の財界人のなかには日本アルプスを貫いて首都圏から一直線に北陸を結ぶルートをブチ上げる人物もいたが、日本海側で最初に新幹線で首都圏と結ばれたのは新潟だ。１９８２年に大宮―新潟間で上越新幹線が開業。

これを利用することで東京―富山間の所要時間も短縮されたが、以降、富山の人々は東京へ行く際に新潟を経由することを強いられるようになった（上越新幹線の開業以前は金沢から滋賀県の米原《まいばら》を経由して名古屋に出て、そこから東海道新幹線を利用するのが一般的だった）。そして、上越新幹線が計画された当時の大物政治家といえば、そう、関越自動車道も造った新潟選出の田中角栄元首相だ。

日本の鉄道網も、このようにして政府や政治家の意向を背景に整備が進められていったのだ。先に紹介した、南スーダン共和国が分離独立する際の鉄橋破壊も、国家の存続や独立にとって鉄道がいかに大きな意味を持つかを示す格好の事例といえるだろう。

市街の「15㎞手前」に新設された駅

話をアフリカに戻そう。

私はアフリカ諸国のなかでも特にケニアを頻繁に訪れる。

首都ナイロビとモンバサを結ぶ鉄道（モンバサ・ナイロビ標準軌鉄道）が建設中だったときには、知り合いのケニア人は「メイド・イン・チャイナだから、すぐ壊れるさ」と笑っていたが、17年の開業以来、繁盛しているという話はまだ聞いていない。しかも、この鉄道建設によって新設されたモンバサ駅は、同市の中心から約15㎞も手前に設置されたのである。

15㎞手前といえば、ＪＲの中央線で東京駅に向かっていた人が吉祥寺駅を過ぎたあたりで降ろされるようなものだ。しかも、東京の15㎞とアフリカの15㎞とでは、なにもかもが違う。吉祥寺から東京までなら交通手段はいくらでもあるが、アフリカでは徒歩かクルマでの移動に限られる。15㎞というのは、現地の道路の舗装状況などを考慮すれば、クルマでも約40分を要する距離だ。そして、40分というのは、ナイロビ・モンバサ間を飛行機で移動する際の所要時間に匹敵する。これでは、なんのための鉄道なのかも疑問に思える。

工事の遅れを理由に中国側は建設費の増額を要求したものの受け入れられず、工事を完成の15㎞手前で終わらせてしまったのだという。中国がらみの開発支援では、めずらしい話ではない。むしろ、割り増し工事費の不払いを理由に国土の割譲などを求められなかったのは幸運というべきかもしれない。

また、モンバサに住む住民の多くは首都・ナイロビの市民や政権の中枢とは異なる勢力の人々だ。国家権力としては、あまり細かいことは考えずに「とりあえず鉄道を通してやった」という功績だけをアピールしたかった可能性も大である。

しかし、この話を聞いて思い出したのが、先ほども触れた東京駅の事例だ。徳川幕府が治めていた当時、江戸の市民生活・経済の中心は日本橋だった。その後、明治に入り、この日本橋と皇居（江戸城）の中間地点あたりに東京駅が造られたのだが、東京駅は日本橋に背を向け、皇居（西側）に正面を向けている。

ここから、「東京」という街の西へと向かう開発が始まったといわれている。商業の中心も日本橋から銀座へ。昭和戦後には東京の西方に延びる私鉄各線のターミナル駅である池袋・新宿・渋谷が「副都心」と称されるようにもなった。一方で東方の下町地域は、人情豊かで〝懐かしさを感じさせるエリア〟として認識されるようになっていった。懐かしさは、再開発が遅れていたことの副産物だ。下町の人情というのも、開発が進まず人口の入れ替えが少ないことが背景にあるはずだ。

いずれにしても、東京駅というひとつの鉄道駅の向きが、東京という大都会の150年に渡る開発の方向性を決めてしまったと考えることも可能だろう。現在の東京駅と皇居の間には、明治時代、財閥が払い下げを受け「三菱ケ原」と呼ばれた広大な原っぱが広がっていた。整備、再開発がおこなわれ（丸の内一帯）、大きな利益を産んだことは、今日では広く知られている。

線路が、終点モンバサの約15km手前で終わり、新駅が建設されれば、どのような規模になるかは別にして、その周辺の開発は進むだろう。もしかしたら、原っぱが日本経済の中心地に生まれ変わったような展開がないとは限らない。線路が15km手前で終わったことで、新設された駅周辺の土地価格は間違いなく跳ね上がったはずだ。その土地を、あらかじめ中国側やプロジェクトの関係者が購入していなかったとは断言できないだろう。

そもそも、日本では地方の過疎化にともなって「不採算路線」への対応が話題に上ることが増えたが、アフリカにも中国にもこんな概念は存在しないだろう。不採算路線が問題になるのは、少数ながらも利用者がいるからだが、彼らは利用者目線で鉄道を考えたりしない。あくまでも「鉄道を敷いた土地に自分の権力を反映させた国家ができる」というのが、彼らの考えだ。

世界が求める「スタンダード」とは？

この章では、中国が1950年代から長期的な戦略ヴィジョンを持ってアフリカ諸国への支援を続けてきたことを紹介してきた。ここで、タンザン鉄道のケースから学べる点をあらためて指摘しておきたい。

まず、ザンビアがこの鉄道の建設を迫られた背景には、国連による南ローデシアに対する経済制裁があった。国連が南ローデシアを経済的に封鎖しようとしたために、鉄路で同地域を抜けて銅鉱石を輸出することを経済的な基盤としていたザンビアは一気に窮地に陥ったのだ。ザンビアは特に悪いことはしていない。にもかかわらず、国連の決定によって突然、危機が訪れ、そのタイミングで中国が支援の手を差し伸べたのだ。

国連の決定は、今日の見方をすれば「グローバル・スタンダードに基づくもの」と考えられるだろう。そして、そのグローバル・スタンダードが招いた危機に、中国が国を救ってくれた。中国からの支援を受けたアフリカの国からすれば、その支援の力はグローバル・スタンダードなるものよりも実効的なものに感じられたに違いない。

そして、21世紀に入って中国がスタジアムを建設したアフリカ諸国が急激な経済成長を続けている現状を見れば、「チャイニーズ・スタンダード」とも呼ぶべき方策がグローバル・スタンダードよりも実効的だったことは明らかだといわざるを得ない。しかし、このようなチャイナマネーに依存したインフラ開発は、本当に、将来的にも対象のアフリカ諸国を利するものなのだろうか？

あるいは、アフリカ諸国がチャイナマネーの向こうに描いている未来像は、従来のグローバル・スタンダードに縛られた視点からは理解できないものなのか？

本書の冒頭で紹介したように、中国からの支援は従来の世界銀行やＩＭＦを通じた支援と比べて条件面でも異質のスタンダードを設けている。このチャイニーズ・スタンダードの分析がさらに必要だが、そのまえに、次章では従来のグローバル・スタンダードがどのようなものかを解説しよう。

コラム　ケニアで水産ビジネスを新規展開

2022年2月、ようやくコロナ後の世界が動き出した頃、アフリカのケニアをお花のことで訪れました。ケニアはバラの輸入元です。

そのとき、ケニアで水産ビジネスも新規展開したいと思い立ちました。まず、私は青魚を日本からケニアに輸出したいと考えています。その前提となるのが、日本から出荷した冷凍状態の魚を保管する冷凍施設です。それを探して、首都ナイロビのある会社に飛び込んでみました。

しかし、そこは冷凍庫などの設備、施設を設計する会社でした……。

流通経路にヒントあり?

ケニアはティラピアという淡水魚を輸出しています。その流通経路にアプローチすればヒントが得られるのではないか。ティラピアが獲れるのはナイロビ(近郊)ではなく、ヴィクトリア湖です。

ヴィクトリア湖畔の町キスムでティラピアのビジネスをおこなっている人たちとリモートで話すことができました。冷凍施設はあるとのことですが、キスムのローカルビジネスであって、私が商圏だと考えているナイロビには施設を持っていないということでした。

ティラピアのルートからナイロビで水産ビジネスの営業をしているという人たちにも会ってみました。

「日本から冷凍コンテナを運びたいのです。保管できる場所はないでしょうか？」

と切り出した私に、先方からまったく別の提案がありました。

「クルマやレストランのシートに使っています」

「？」

革のサンプルを渡されました。

「すでに生産している会社はあるのです。日本に輸出できないでしょうか？」

私の「水産ビジネス・ケニア編」の珍道中はまだまだ続く……はずです。

参照／旅するビジネスマン 小林邦宏チャンネル

第2章

中国の融資の罠とグローバル・スタンダード

鉄道ビジネスの現実

2011年7月に中国の浙江《せっこう》省温州市で起きた高速鉄道の衝突脱線事故は、多くの点で衝撃的だった。

落雷によって動力を失いトンネルの手前で停車していた列車に、後続の列車が追突し、一部の車両が高架橋から転落した事故直後の映像の生々しさ。乗客40名が死亡（中国政府発表）した高速鉄道の衝突事故がどのようなものかを、すでに高速鉄道を運行している国の人々もはじめて目撃したのだ。

そして、さらに衝撃的だったのが、事故後の中国側の対応だ。

高架下に落下した事故車両は、事故から5日目の時点ではすべて高架下に埋められていた（その後、解体）。当時の温家宝首相は事故の原因究明が必要だと訴えていたが、残りの車両も事故直後に中国鉄路の車両基地に搬送されていた。現場保全の原則は完全に無視され、事故から2日後には、なにごともなかったかのように通常運行も再開されたのだ。

普通なら「自国でこんな事故を起こし、隠蔽体質まで露呈した国に鉄道建設を発注して大丈夫か？」と考えるはずだが、ナイジェリア政府もケニア政府も事故後の14年に〝なにごともなかったかのように〟中国と鉄道建設の新たな契約を結んでいる。日本人の感覚からすれば、これも衝撃的だ。

しかし、「事故は起こるもの」という考え方もできる。そして「起きたとしても、大したことない」という考え方もあるかもしれない。それは、中国が大事故から2日後に通常運行を再開したことで証明されたともいえる。また、中国政府は、事故の犠牲者遺族への補償（ひとり50万元＝約600万円）も事故から数日で決定している。

そして、これは重要な点だが、11年の悲惨な事故後も中国の高速鉄道の利用者数は増え続けているのだ（11年には年間約3・8億人、14年は年間5・3億人）。

この現実が意味するものは、なんだろう？

事故後に中国の高速鉄道を利用した人たちも、あの悲惨な事故を知らないはずはない。事故の原因究明が訴えられながらも車両が埋められ、証拠隠滅が図られたことも承知の上で乗っているに違いない。つまり「過去には死亡事故もあっただろうが、自分は大丈夫」という、極めて利己的で同時に人間らしい行動原理に従っているのだ。

心理学の世界では「正常性バイアス」という言葉で説明するそうだが、要するに、事故後に承知で中国の高速鉄道を利用した人たちは、まず利用する必要があったから乗車したのだ。そして、自分のその行動を正当化するために「自分は大丈夫だ」という勝手な理屈を作り出しているのである。

もちろん、それでも「あんな危険な鉄道には金輪際、乗らない」という人もいるだろう。しかし「自分は大丈夫」と考える人が多数派を占めれば、こうした乗車拒否を貫く人たちは〝飛行機嫌い〟と同じ扱いをされるようになるはずだ。本来、事故の確率からいえば旅客機はもっとも安全な乗り物だ。それでも断固として飛行機には乗らないという人たちも少数ながら存在するが、やはり〝変わり者〟として扱われているのだ。

中国高速鉄道の安全性を疑問視するのは当然だが、実際の世界は、少なくとも科学的な意味での「安全性」とは別の価値観を軸に動いているということだ。

21年5月、メキシコシティで走行中の地下鉄車両が高架橋の崩落によって落下し、乗客26名が死亡する事故が起きた。この地下鉄は建設中から工事の杜撰《ずさん》さが指摘されていたというが、メイド・イン・チャイナではない。工事は、フランスのアルストムと現地財閥の合弁事業で、崩落した高架橋は現地財閥の担当だったという。

ちなみに、この「現地財閥」のオーナーのカルロス・スリムはフォーブス誌の選定する世界長者番付で1位になったこともある人物だが、どうも、ただの富豪ではない。2010年代にジャーナリストのディエゴ・オソルノが発表した彼の評伝のタイトルは『Carlos

Slim: Patrón of Mexico's Power Mafia』。「マフィア」という単語に目がいくが、敢えて訳すのはやめておこう。

メイド・イン・チャイナでなくても事故は起きる。そして、その後も鉄道は走り続ける。このことだけが、鉄道ビジネスの現実のように思えてしまう。たしかなことは、中国もアフリカも〝こちらの現実〟を重視している点だ。

コストは安全性に優先する!?

人命軽視というのは恐ろしいことだ。しかし実際には、中国以外の欧米先進諸国の企業が展開する旅客輸送ビジネスにおいても人命の尊重は最優先課題ではない。

もっともわかりやすい例は、私たちが普段から利用している旅客機だろう。もし、本当に人命尊重が最優先課題ならば、高度1万mで事故が起きても安全に脱出できるように、客席ひとつひとつにジェット戦闘機の操縦席と同じ脱出装置をつけてもいいはずだ。しかし、実際には旅客機ビジネスにおいて事故の際の「人命」は経営上のコストとして捉えられているようにしか思えない。

飛行機事故の確率は「1万フライトに1回」という明確な統計基準があるので、その確率で起きる事故のために高額の脱出装置を機体に備えるか、事故の際に一定額の補償金を払うか、どちらが低コストかが慎重に検討された結果、脱出装置は断念され、現在の機体装備となっているのだ。

ただし、人命尊重が最優先課題ではないからといって、安全性に無関心でいいことにはならない。航空業界も、現在「1万フライトに1回」とされている事故の確率を「10万フライトに1回」にしようと努力を続けていることは、忘れてはならない。

ただ、それでも事故によって人命が失われることも視野に入れてビジネスを展開するというのは、安全な運行を持続させるという「サスティナビリティ（持続可能性）」というグローバル・スタンダードとは相容れない考え方かもしれない。しかし、そんな非グローバル・スタンダードな鉄道ビジネスが、特にアフリカの大地では熱帯の植物が葉を繁らせるように発展を続けているのは紛れもない現実だ。

その現実を理解するために、私たちを縛っている「グローバル・スタンダード」が実際にはどのようなものなのかを考える必要があるだろう。

「グローバル・スタンダード」を巡る米国の戦略

第2次大戦末期の1944年7月、米国ニューハンプシャー州のブレトン・ウッズに44カ国の首脳が集まり、戦後の通貨体制を話し合う「連合国通貨金融会議」が開催された。ブレトン・ウッズは非常に美しい街で、鉄道ファンにはワシントン山登山鉄道で知られている。

第1次大戦に参戦したヨーロッパの先進諸国は戦費調達のために金本位制を停止していたが、18年に第1次大戦が終結したのちも29年からの世界恐慌などが続き、金本位制に一時は復帰したものの、結局は離脱。そのまま時代は第2次大戦へと進んでいった。そして、この間、世界で唯一、実質的には金本位制を維持していたのが米国だった。

第2次大戦後も、復興のために必要となる莫大な費用を考えれば、金本位制への復帰は容易ではなかった。では、各国の通貨を金本位制の裏づけなしで、どのように安定させるか。それが話し合われたのがブレトン・ウッズでの会議だった。

その結果、採択されたのが、第2次大戦後の世界では米国がドルと金をひもづけ、その他の国の通貨は米国のドルとリンクすることで間接的に金の裏づけを得て価値を安定させるという「ブレトン・ウッズ体制」だ。そして、この時点でドルは世界の基軸通貨としての絶対的な地位を獲得したのだ。また、本書で何度も言及してきたＩＭＦの設立も、このときの会議で決定されている。

しかし、米国の金本位制も長くは続かなかった。60年代に入ると米国はベトナム戦争の泥沼に足を踏み入れ、大量の戦費が必要になった。また、米国の経済も〝黄金の50年代〟以降、長期の低迷が続いていた。そして71年8月、唐突に米国が金本位制からの離脱を宣言するニクソン・ショックが起きたのだ。

この時点で、本来ならばドルは世界の基軸通貨としての地位を失ったはずだ。しかし、実際にはニクソン・ショック以降もドルは世界の基軸通貨としての地位を保ち続けている。それは、ドルがニクソン・ショックによって唯一の兌換《だかん》紙幣という地位は失っても、ドルの発券国である米国が世界の中心に位置し続け、決済通貨としてのドルの地位が守られてきたからである。

現在、私が展開している事業でも、たしかに人民元やユーロで決済する機会が増えてはいるが、いまだに約8割の取引はドル建てでおこなわれている。

私たちは、つい最近も世界の基軸通貨としてのドルの威力を見せつけられたはずだ。ウクライナへの侵攻を受けて、米国の銀行のロシア関連口座が凍結され、その総額は数千億ドルに上るといわれているが、ロシアにこういったダメージを与えられるのもドルが実質的に世界の基軸通貨として君臨しているからだろう。

この「新たな世界戦略」が現在、グローバル・スタンダードと呼ばれているものの原型である。そして、じつは日本経済もこのグローバル・スタンダードによって苦汁を飲まされた経験が何度もある。

日本の苦い経験

最たる例は、NHK（日本放送協会）が開発した高精細度テレビ放送のための「ハイビジョン」規格だろう。

NHKでは1960年代からハイビジョンの開発を進め、80年代に入るとハイビジョン用の試作受像器を海外で展示するなど積極的にPR活動を展開。85年には、この高精細度テレビを「ハイビジョン」と命名した。しかし、ここから「規格」を巡る国際間の熾烈な主導権争いが始まったのである。

テレビ放送の規格には、制作段階で画像コンテンツのクオリティを決定する「スタジオ規格」と、放送のクオリティを決定する「伝送規格」がある。まず、スタジオ規格に関しては開発の当事国である日本（NHK）の案に米国・カナダも賛同し、走査線1125本の国際規格案を共同提案するが、ヨーロッパ諸国はこれに反発。2年後の87年には走査線1250本というヨーロッパ独自のスタジオ規格を提案し、対立の構図が鮮明となった。さらに、米国はこの時点でNHK案の支持を撤回。結果がどちらに転ぶかわからないと考えて、態度を保留したのだろう。

最終的にスタジオ規格のグローバル・スタンダードはNHK案で落ち着くことになるのだが、それが決定されたのは2000年のこと。NHKが規格を提案してから、じつに15年間も統一規格を巡る闘いが続いたことになる。

そして、伝送規格を巡る闘いでNHKは決定的な敗北を喫する。NHKが提案した伝送規格「MUSE方式」はアナログ放送を前提としたものだったのだ。21世紀に入り、日本でもテレビ放送が全面的にデジタルに切り替わったのは記憶に新しいが、NHKはこの大きな技術革新を視野に入れずに開発を急いでしまったといえるだろう。そして、ここで忘れてならないのは、スタジオ規格を巡る闘いの最中に米国が態度を急変させたことだ。

96年にはNHKもデジタル伝送規格「ISBD」を発表するが、巻き返すことはできなかった。NHKでは2000年からデジタル衛星ハイビジョンの放送をおこなっていたが、11年3月で終了。同時に「ハイビジョン」というブランドも世界から姿を消したのである。

また、近年では三菱重工が開発を進めてきたジェット旅客機「スペースジェット（旧MRJ）」の〝失敗〟も、グローバル・スタンダードを巡る闘いに敗れた結果といえるかもしれない。

そもそも、航空機業界では1990年代から米国のボーイング社とヨーロッパのエアバス社との間で熾烈な競争が展開されてきた。94年に中華航空のエアバス機（A300B4）が名古屋空港で墜落事故を起こしたが、このときに明らかになったのも、ボーイングとエアバスのスタンダードの違いである。

名古屋での事故は、着陸時に副操縦士が誤って自動操縦の「着陸復航モード」を作動させたことが直接の原因だった。復航モードとなった機体は急角度で上昇し、副操縦士らは手動で機首を下げようと試みたが最終的に失速し、墜落。ボーイング社の航空機が自動操縦時にパイロットが手動で操縦を試みた際には手動を優先させる設計になっているのに対し、エアバスでは自動操縦を優先するように設計されていたのだ。米国とヨーロッパの設計理念におけるスタンダードの違いが明らかになったといえる。

名古屋での事故の後も、ボーイングとエアバスの熾烈な闘いは続いている。そのような航空業界に三菱重工が、かつて〝ゼロ戦〟を製造していたプライドと自分たちの技術力に対する自負だけで参入を試みたのだとしたら、あまりにもイノセントだ。

航空機業界に正式に参入するためには、米国で「型式証明」を取得する必要があるのだが、三菱は当初、これを甘く考えていたのではないだろうか。この「型式証明」というのは、まさにスタンダードからお墨つきを得るための必要不可欠な手続き。本来ならば、そのためのノウハウを蓄えた米国（あるいはカナダ）の技術者をプロジェクトに加える必要があったのだが、三菱はそこで遅れをとってしまったのかもしれない。

その結果、1兆円を投じた「スペースジェット」プロジェクトは、どこからもスタンダードのお墨つきを得られないまま、20年に凍結されたのだ。

鉄道におけるスタンダード争い、ゲージ戦争

先に紹介したように、蒸気機関の発明と鉄道の発達が人類に「スタンダード」という概念を与えた可能性は高い。

英国人のジョージ・スティーブンソンを〝蒸気機関車の発明者〟と記憶している人も多いかもしれないが、それは間違いだ。実際には、リチャード・トレビシックがスティーブンソンよりも先に、世界初の実走する蒸気機関車を製造している（1804年）。スティ

ーブンソンは、正しくは「標準軌」という鉄道のスタンダードの生みの親というべき存在だ。

スティーブンソンが蒸気機関車を製造したのは1814年。彼が縦坑の巻き上げギアを制御する制動手として働いていたイングランド北東部キリングワースの炭鉱で使用するために製造されたが、軌間は従来から用いられてきた鉄道馬車のものに揃えられていた。そして、スティーブンソンの蒸気機関車はトレビシックなどが製造したものより実用性で勝れていたため、その後の鉄道網の発達に従って広く普及し、スティーブンソン型の蒸気機関車で採用されていた軌間がスタンダードとしての地位を確立していったのだ。

しかし、ここから先はボーイングVSエアバスの闘いとまったく同じで、スティーブンソンの標準軌よりも広い広軌で「スタンダード」の御旗を我がものにしようとする勢力が現れる。このスタンダードを巡る争いは、やがて英国議会も巻き込んで「ゲージ戦争」と呼ばれるほどの激しい論争に発展したが、すでに多くの路線で標準軌が採用されていることを主な理由に、46年に「グレートブリテン島で新設する鉄道は標準軌が好ましい」とする軌間法が制定されて決着した。

ちなみに、この決定が下された当時、アイルランド島は英国の植民地だったが、英国本土と地続きではないため「標準軌のスタンダード化」から取り残された。その結果、現在でも英領の北アイルランドを含めてアイルランド島では、グレートブリテン島やEU域内の大部分で採用されている標準軌とは異なる広軌が採用されている。

世界地図で探すと、アイルランドと同じように広軌を採用している地域としてインド・パキスタンがある。いうまでもなく英国の旧植民地だが、同地でアジア初となる鉄道建設が始まったのは1830年代なので、まだ英本国で「ゲージ戦争」が繰り広げられていた頃だ。そして、建設開始当時のインド総督が広軌派だったことから、現在でもインド・パキスタンの鉄道はアイルランドと同じように広軌が普及している(狭軌もあり)のだ。

現在、ようやく、スペインとフランスの高速鉄道を結ぶためにピレネーを貫くトンネル工事が進められている。逆にいえばイベリア半島は、これまで200年以上に渡って鉄道交通の面で〝ヨーロッパ〟と隔絶されてきたのだ。

ゲージ戦争において、広軌派は技術的な優位性を主張した。簡単な物理学で考えれば軌間を広くすることのメリットは直進安定性が増すことであり、狭い軌間のメリットは旋回性だ。どちらにも理があるように思えるが、鉄道というのは仮に一直線に敷けるなら、それが理想だ。そして、日本も新幹線には従来よりも広い軌間(標準軌)を採用したように、列車の高速化という進化の必然に対応するには、たしかに広軌のほうが優位だったかもしれない。

しかし、このときも結果は、ボーイングVSエアバスの闘いと同じように、技術的優位性とは別の次元で決まっていったのだ。

中国では軌間可変電車（フリーゲージトレイン）が登場したという報道があった。中国国内はほぼ標準軌で統一されているが、隣接する国々、たとえばロシアやカザフスタンは広軌、ベトナムは狭軌を採用しているため、国境で車両の台車を交換する必要があった。フリーゲージトレインは線路に設置された軌間変換装置を通過することで自動的に車輪の間隔が調整されるという。ゲージ戦争においても中国が一歩リードしているのかもしれない。

ベルリンの壁と「鉄道の壁」

鉄道の軌間という〝それぞれのスタンダード〟に視点を置いて世界を眺めてみると、さらに興味深い事実も浮かび上がってくる。

現在のウクライナを含めて、EU域内でもバルト3国など旧ソ連の衛星国の一部では、ロシア軌と呼ばれる広い軌間がスタンダードとなっている。そのため、ヨーロッパの地図を眺めるだけでは気づかないことだが、小麦などのウクライナ産品が鉄道を通じてEU域内に輸出される量は皆無に等しかったのだ。

ベルリンの壁は1989年に崩壊したが、ヨーロッパの東西を隔てていた「鉄道の壁」は冷戦終結後も残ったということだ。政治体制を共産党独裁から民主制に替えるほど、鉄道の軌間の変更が容易でないのは当然だ。ロシア軌の鉄道網は、現在でも世界2位の延長距離を誇っている。

このヨーロッパにおける「鉄道の壁」はロシアのウクライナへの侵攻時点では、維持されている。しかし、黒海沿岸の地域をウクライナ最大の港湾都市オデーサも含めて自分たちの領土とすることはロシアの望むことでもあるはずだが、その結果、ついに鉄道の壁までもが崩壊に向かう可能性があるだろう。

ウクライナ産小麦の約95%の輸出拠点となっていたオデーサが奪われれば、ウクライナは対EU貿易の必要性から鉄道網の刷新を迫られるはずだ。また、西側諸国が軍事支援物資をポーランドからウクライナ東部の激戦地へと鉄路で輸送する動きが活発化すると、ロシアはウクライナの鉄道網を空爆などで破壊する行為に出た。ウクライナに新たな鉄路が必要になるわけだが、5月にウクライナの首相はウクライナの鉄道を広軌からEU規格である標準軌に移行させると発表した。陸路での輸出ルートを確立することは、今後のウクライナ経済にとって正真正銘の生命線となるはずだ。

そして、そのニーズに、同じユーラシア大陸で標準軌の鉄道網を持ち、ユーラシア全域でシルクロードの時代と同様に交易を展開することを目論んで「一帯一路」政策を進める中国が、ウクライナの復興支援というロシア以外の誰もが納得する大義名分を掲げて乗り込んでくることは十分に想像できる展開だ。

プーチン大統領は、ウクライナや東欧の旧ソ連衛星国がベルリンの壁の崩壊後、NATOに接近していく状況に危機感を抱いたというが、ウクライナへの侵攻は最後に残っていた「鉄道の壁」さえも崩壊させる結果を招くのではないだろうか。

かつてソ連を攻撃して、攻め落とせなかったヒトラーも、ドイツとポーランドの国境で軌間のスタンダードが替わることに苦しんだという。鉄道を使った兵站輸送の際にポーランド国境で台車を交換する作業が必要だったのだが、今後、同じような苦しみをプーチンが味わう可能性もあるだろう。ちなみに中国はフリーゲージトレインを開発するなどしたたかだ。

新自由主義経済とグローバル化

今日の世界経済を紐解くために、もう少しだけ歴史を検証してみたい。

「ヒト・モノ・カネが国境を越えて自由に行き来する社会」、それが現在のグローバル経済がもたらした世界像だといわれている。自由の薫りが漂うスローガンだが、この潮流がいったいどこから始まったか、ご存じだろうか。

ベトナム戦争での戦費増大から米国は1971年に金兌換を停止する措置（ニクソン・ショック）をとったが、その後も2度のオイルショック（73、79年）に見舞われるなど米国経済の低迷は続いた。そんなタイミングで、80年の大統領選挙で選出されたのがロナルド・レーガンだった。

大統領に就任すると、レーガンは「レーガノミクス」と呼ばれることになる経済政策を打ち出した。これが、今日の世界を覆っている新自由主義経済の原点といっていいだろう。これは、簡単にいってしまえば、従来は国や国営企業、自治体などがおこなってきた事業の民営化政策だった。

79年に英国の首相に就任していたマーガレット・サッチャーも「サッチャリズム」と呼ばれる同様の経済政策を打ち出し、レーガンの路線に足並みを揃えた。そして、日本でも

82年に首相となった中曽根康弘が国鉄（現ＪＲグループ）や日本専売公社（現日本たばこ産業）などの民営化を断行した。

つまり、従来は国家が主体となっておこなってきた事業を、次々と民間に切り売りしていったのだ。「市場原理を導入して経済を活性化する」というのが、この一連の動きの背後にあったスローガンだ。その結果、台頭したのがグローバル企業である。英国の国際政治経済学者スーザン・ストレンジが96年に発表した『国家の退場／グローバル経済の新しい主役たち（The Retreat of the State: the Diffusion of Power in the World Economy）』（日本語版、岩波書店）は、21世紀におけるグローバル企業の台頭をみごとに予言している。

世界の貿易量は同書が発表された当時も伸び続けていたが、ストレンジは国境を跨いだモノの行き来であるはずの貿易の内実に注目している。つまり、貿易といいながら実際には、Aというグローバル企業がある国に設けている事業拠点から別の国に設けられている事業拠点へのモノの移動も貿易としてカウントされている。この傾向、つまりモノの移動が実質的には一企業グループ内の部署間の移動であるという状況は今後、さらに増加するだろうと予言していたのだ。そして、世界はその通りになった。

この状況を明確に自覚したとき、米国はあらためてグローバル・スタンダードを自分たちで握ることの必要性を痛感したはずだ。米国が国際会計基準（ＩＦＲＳ）という新たな国際規格を設けて、世界に統一を強く訴え始めたのも80年代以降のことである。やがて、日本もこれに従い、最後までこれに抵抗していたヨーロッパ諸国（ＥＵ）も最終的には受け入れている。そして、この新たな国際会計基準の導入が日本企業に及ぼした影響については、本書の読者ならば、それぞれの角度からご承知のはずだ。

さらに、90年代に入り中国経済が急激に台頭してくると、「民主主義」「人権」というイデオロギーまでも世界が目指すべきスタンダードとして掲げるようになった。

このように、現在の社会で金科玉条のように崇《あが》められているグローバル・スタンダードも、もとを辿れば、ニクソン・ショックによってドルの基軸通貨としての強みを目減りさせた米国が、新たな世界戦略として打ち出したものに過ぎないことがわかるはずだ。そして、ドルが基軸通貨としての地位を保っている限り米国にはシニョリッジ（通貨発行益）が入ってきたのと同じように、米国製のスタンダードで世界を相手にビジネスを展開する際にも、プラットフォームの企画・設置者である米国に一定の権益がもたらされるように設計されているのは間違いない。

オフサイド・トラップ

つまり、グローバル・スタンダードの適切な訳語は世界基準などではなく「世界に向けたスタンダード戦略」が正しいように思えてくる。しかし、その国際規格を打ち出すときの足並みの揃え方、その鮮やかさは注目に値するだろう。サッカーのオフサイド・トラップでディフェンダー陣が一糸乱れぬライン・コントロールでポジションを瞬時に上げて、敵のフォワードを〝非合法エリア〟に置き去りにするのと似ている。

私は少年時代、F1のレースに熱中していたが、当時（80年代）はF1マシンの多くにタバコ企業の広告がペイントされていた。日本人ドライバーとして、はじめてF1にフル参戦した中嶋悟が乗ったマシン（87〜89年）には「CAMEL」の広告がペイントされていたし、マクラーレン・ホンダで全盛期を謳歌したアイルトン・セナのマシン（88〜93年）には「Marlboro」。そして、94年にセナが事故死したときのマシンには「Rothmans」だった。さらに、各サーキットのフェンスやレースクイーンが持つパラソルなどにもそれらのブランドのロゴが所狭しと並び、F1のレースと並行してタバコ産業の見本市がおこなわれているようだった。

しかし、80年代後半以降、欧米先進国を中心に「嫌煙権」という新たな概念を掲げる勢力が急速に力を持つようになっていったのだ。人権重視を掲げる欧米諸国でこの権利を認めた法律が制定され、タバコの広告は次々と規制されていった。日本でも、JTのテレビCMは従来のようにタバコという商品そのものを宣伝することはやめて、現在のようなイメージ広告しか流されなくなった。

タバコ広告を法的に規制しないモナコ、バーレーン、中国などのグランプリでは〝懐かしいロゴ〟を目にする機会が残っていたが、2006年にはすべてのF1シーンからタバコ広告が撤退した。実際にF1のレースをテレビ観戦していたファンの視点からは、今挙げた一部の例外国を除けば、規制が始まってから、わずか数シーズンでF1シーン全体から〝ほぼ〟完全にタバコ広告が姿を消した印象を受けたものだ。鮮やかなオフサイド・トラップだと思う。

世界は一気に「脱タバコ社会」へと舵を切ったのだが、考えてみれば「手のひら返し」といってもいい。シンガポールは1965年の建国以来、厳格な禁煙国家として知られている。しかし、世界が脱タバコに舵を切る80年代後半以前には、同国を紹介する際に多くのメディアがその禁煙国家ぶりを特異なものとして伝えていたはずだ。公の場での喫煙を禁じたシンガポールの法律を〝珍妙な掟〟と捉え、タバコ嫌いで知られる初代首相リー・

クアンユーの強権の象徴と見る論調さえあったほどだ。

それが、どうだろう。シンガポールを変人扱いしていた欧米社会が、今ではその変人の仲間に加わっているのだ。

ヨーロッパでは自動車業界が脱ガソリン車で歩調を揃える際も、急激かつ鮮やかだった印象がある。トヨタが新開発のハイブリッド車「プリウス」を発売した97年の時点で、世界の自動車産業の環境問題への対応は次のように色分けされていたはずだ。まず、米国ではすでに電気自動車の時代に向けた準備が進んでいて、2003年にはテスラが創業することになる。日本はハイブリッド。そして、この時点でヨーロッパでは省エネ志向のエンジンとしてディーゼルが幅を利かせていた。普通に考えればディーゼル（軽油）車やガソリン車の時代から電気自動車の時代への移行過程には「ハイブリッドの時代」があってもよさそうなものだが、現実は、そうはならなかった。

ヨーロッパの自動車産業が一気に脱化石燃料へと舵を切ったため、時代はハイブリッドをスキップして電気自動車の時代へと動き始めてしまった。プリウスを開発したトヨタとすれば、ワリを食った格好だ。

融資の罠

こうして20世紀最後の四半世紀に、欧米先進国はスタンダード作りに腐心していたわけで、グローバル・スタンダードなどというものは、その程度のものに過ぎない。その間に中国はアフリカ諸国に対して「南南協力」というスローガンの下、実質的な支援を続けてきたのだ。この点は、何度も述べた通り、刮目《かつもく》に値する。

こういった中国からアフリカ諸国への開発援助は、すでに述べたように、世界銀行やＩＭＦが提唱するスタンダードとは異なる理念や枠組みを持っている。「安定的成長」や「政治の浄化」といった条件を満たさなくても、中国は開発融資をしてくれる。ただし、返済にはしっかり担保を充てる。

では、こうした中国とアフリカ諸国の関係は、将来的にも債務国であるアフリカ諸国に不利益をもたらさないといえるだろうか。実際には、中国の支援融資を受けた債務国が債務不履行に陥り、国土の一部を中国に奪われるような事態が世界各地で見られるようになってきている。特にコロナ禍以降、世界各国の財政が逼迫《ひっぱく》する状況で、国連などが各国政府の債務について明らかにする必要に迫られ、中国も求めに応じてアフリカ諸国などへの債権内容を一部明らかにしている。

ギリシャ、パルテノン神殿から最大の港、ピレウス港(の方向)を望む。
ピレウス港の埠頭の運営権は中国企業が所有する

もっとも深刻な例は、インド洋に浮かぶ島国・モルジブだろう。

18年にはモルジブのモハメド・ナシード元大統領が日本経済新聞のインタビューに応じて「対中債務は15~20億ドル（約1600~2200億円）に上るが、返済は不可能だ」「中国への領土割譲必至」と語っている。中国との契約内容で、返済の担保として実際に国土が充てられていたのだ。ナシード元大統領は退任後の16年、英国に亡命していた。

ナシードの後任として13年から18年まで大統領を務めたアブドゥラ・ヤミーンは、さらに対中債務を膨張させながらインフラ開発を進めたが、在任中のマネーロンダリング疑惑の発覚で19年に逮捕されている。その後、観光収入に大きく依存するモルジブの経済は壊滅的な打撃を受け、事態はさらに深刻化している。

中国からの支援でタンザン鉄道を建設したザンビアも、20年にデフォルトに陥った。21年6月時点で、同国の対中債務の残高は60億ドル超。ザンビアの対外債務の約4割を占めているという。その後、21年8月に新大統領となったハカインデ・ヒチレマは債務の返済で「中国を優遇しない」と言明したが、先行きは不透明だ。

また、チャイナマネーが外国から領土を（実質的に）奪うという現実は、モルジブ以前にすでに起きている。09年、EUの加盟国でもあるギリシャは債務危機に陥る。その前後、最大の港湾であるピレウスへの開発投資と引き換えに埠頭の運営権を譲渡し始め、結果的に35年間の埠頭の運営権を中国に譲渡した。期限つきの割譲は、英国が中国から150年間奪っていた香港の新界と同じだ。私はピレウスのケースは将来的に、香港割譲と同じように歴史の教科書で大きく扱われるほどの重大事だと考えている。

ピレウスは地中海交易ではイスタンブール、キプロスと並ぶ拠点のひとつで、私もブルガリアからアカニシ貝を輸入する際にはピレウス経由の航路を利用している。またギリシャは、かつて「世界一の富豪」と呼ばれた海運王アリストテレス・ソクラテス・オナシスを産んだ海運国家だ。その国が地中海でも有数の港湾を中国に割譲した事実は、考えている以上に大きいはずだ。

また、やはり中国からの融資を返済できずデフォルトに陥ったスリランカも、2017年から99年間、ハンバントタ港の運営権を中国に与える契約を結んでいる。

こうして、債務危機に陥り、本来は債務そのものよりも高価値の担保物件を奪われるという状況を「融資の罠（債務の罠）」という。このキーワードでネット検索して列挙されるのはモルジブのケースなど、ほとんどが中国がらみの案件だ。そして、この〝貸し剝がし〟ともいえる手口は、中国が経済大国になってから始めたわけではなく、数百年前からアジアの各地で経済的基盤を築いてきた華僑（華人）たちも伝統的に用いてきたものだ。

グローバル・スタンダードも、融資の罠も、どっちもどっちという気がしてくる。

実際に、現地のアフリカ人たちに訊くと、ほとんどの人が次のようにいう。

「植民地時代の宗主国でもあるヨーロッパの国々は、現在でも開発援助の際に『政治を浄化しろ』『貧困をなくせ』などと、とにかく注文が多い。それに対して中国は『これが、いますぐ欲しい』という我々の要求に応えてくれるんだ」

もっともな意見だ。ただ、すぐに与えてもらった先には危険な「融資の罠」が待っているわけだが、それもまた彼らにとっては〝先のこと〟なのだ。

こうした「複数の価値観がせめぎあう時代」にあって、どこにビジネスチャンスを見つければいいのだろう。次章では、その点にさらに踏み込んでいきたい。

そして、私のように頻繁にアフリカを訪れ、また中国の企業とも取引をしている商社マンの視点で見ると、中国とアフリカには一種奇妙な親和性があるように思えるのだ。その点も、次章で解説しよう。

コラム　中国ビジネスで押さえておくべきポイント

鉄道ビジネスを中心に中国のビジネスマインドについて話してきましたが、実際に中国とビジネスをおこなう際に知っておいたほうがいいポイントを私の経験から挙げてみたいと思います。

ビジネス相手は中国のどこの人？　世代は？

まず、地域性です。出身地によってコミュニケーションのポイントが違ってきます。台湾と中国に分けて考えてみます。台湾の人たちがビジネスで大事にするのは「WIN-WIN」です。40代以上に顕著なようにも思えますが、「お互いに儲からないなら、やる意味ないのでは」という考え方です。「あなたも儲かる、私も儲かる」という形に落とし込むことが重要です。

大陸のほうは、北京、上海、香港を含む広東、それぞれにツボがあります。順番に政治、ビジネス、お金です。コロナ以前は月に2回は上海に行っていました。商談の席で北京の政治情勢の話をするとイヤがられます。

「そんなのはどうでもいい、ビジネスの話をしよう」と。

北京の人が相手なら一旦、政治の話を振ってからビジネスに入るのがいいでしょう。広東のお金は、上海のビジネスと似ています。

ただ、中国全土に共通するのはメンツです。相手のメンツをあくまでも保ちながら妥協点を探ることが絶対に必要です。

次は世代です。世代によって教育を受けた環境が大きく異なるので考え方、メンタリティも異なってきます。50、60代の世代は、その場、その場でどれくらい儲かるのか、この点を非常に重要視します。日本人の「細く長く」の逆です。「WIN-WIN」にはおかまいなしで、自分がどれだけ儲かるか……。ここがポイントです。

40代以下になると、アメリカ圏への留学経験者も多く、英語もうまく、資本主義的な発想が浸透しています。上の世代に比べて話しやすいのは確かです。が、中国に戻って時間が経ってくると、上の世代に似てくることもあるような……。

参照／旅するビジネスマン 小林邦宏チャンネル

第3章

欧米のスタンダードか
中国のやり方かの二元論を超える

東南アジアで繰り返された「華人排斥」暴動

ここまで進めてきた話を整理しておこう。

まず、中国は「南南協力」の政策理念に従ってアフリカ支援の姿勢を打ち出してきた。実際に1970年代からすでにアフリカの鉄道建設に協力してきたし、21世紀になって中国の経済力が強大になると、その姿勢はさらに強く打ち出されるようになった。

しかし、中国からの開発援助には「融資の罠」という危険が潜んでいる。実際に債務危機に瀕して、中国への国土の割譲を迫られるような状況に追い込まれている国もある。

それは、中国から途上国への開発融資が、従来のIMFや世界銀行を通じた援助とは異なる〝スタンダード〟に基づいていることも一因だ。しかし、では、グローバル・スタンダードは絶対なのか？　日本人は欧米から押しつけられたスタンダードには不利を被ってでも従うことが多いのに、なぜか中国のやり方には否定的な場合が多いように見える。

この章では、欧米のスタンダードか、中国のやり方かという二元論を超えて、複数の価値観（マルチ・スタンダード）が並立する時代のビジネスをどう捉えるべきかを考えていきたい。

前章で中国の「融資の罠」は今に始まったものではない、アジアの各地に進出していったかつての華僑（華人）たちも伝統的に用いてきた商法だという旨を述べた。このことを、もう少し掘り下げたい。

身ひとつで中国からやって来た華人たちが異国の経済を握ったのなら、その過程で〝貸し剝がし〟による乗っ取りがおこなわれてきたとも考えられる。そして、そういった歴史的背景があるから、東南アジア各国では実際に繰り返し「華人排斥」を訴える地元民衆の暴動も起きてきた。

最大の暴動は、インドネシアの首都ジャカルタで１９９８年に起き、１０００人以上の華人が殺害されたといわれる「5月暴動」だろう。同様の暴動は60年代から東南アジア各地で起きていた。インドネシアでは現在でも漢字表記の広告が禁止されているが、タイも政情が不安定だった70年代に一時期、禁止していたことがある（5月暴動でも当時のスハルト政権に対する不満が支配層の一部である華人に向けられた）。

マレーシアの人口における華人の比率は20％台だが、経済は華人が握っているといわれる。それに対抗し、マレー人を優先するブミプトラ政策がとられている（「ブミプトラ」は「土地の子」を意味し、マレー人と先住民を指す）。たとえば国立大学への入学や公務員の採用などでマレー人の枠が設定され、企業の上場の際にはマレー人の役員を置くことが条件となっている。

じつは、現在のアフリカでも、19世紀末から20世紀初頭に東南アジアへ多数の華人が移り住んだように、急激に中国人コミュニティが拡大している。1970年代にタンザン鉄道の建設に従事した中国人労働者がその後も現地に残っていたなら、中国系の二世や三世がいてもおかしくない。

中国のリスク回避ノウハウ

実際に、私もアフリカ諸国を訪れると、現地のチャイナタウンで食事することがよくある。チャイナタウンのグローバル化は、とっくにアフリカに及んでいるのだ。

ちなみに、東南アジアでは「フィリピンの中華料理が最悪」と評価されている。現地のココナッツオイルを多用し過ぎるのが理由といわれているが、私がアフリカ諸国でサイテーの中華料理を食べたのはモーリタニアの首都ヌアクショットだった。なにを食べたかも思い出したくないほどだが。

逆にアフリカで最高の中華料理が食べられるのは、ジンバブエの首都ハラレだろう。アフリカ諸国のなかでも特に中国と「蜜月の関係」といわれている同国には、アフリカで最大級のチャイナタウンがあるのだ。ジンバブエでは電力も通信も、インフラのほとんどがメイド・イン・チャイナだ。15年には習近平主席が同国を訪れ、さらに12もの大型プロジェクトへの投資に関する契約も結ばれた。現在、ジンバブエには100社前後の中国企業が拠点を置いているといわれている。

話が食欲に逸《そ》れてしまった。いいたいのは、すでにアフリカ各地に大小さまざまな規模の中国人コミュニティが存在しているということで、それは東南アジアで起きたような暴動の危機を孕《はら》んだ状況なのだ。今後、その中国人コミュニティが存在している国で対中債務に端を発した経済危機が起きれば、地元民衆の怒りが中国人コミュニティに向けられることは間違いない。

しかし、一方でタイにおける義徳善堂のようなリスク回避に向けた取り組みは、ノウハウとして現在の中国政府にも蓄積されているはずだ。

私は中南米で現地の相手と親密な関係を築こうとするときに、気をつけていることがある。それは、決して米国をほめるようなことは口にしないこと。さらにいえば、米国の悪口をいえば一気に関係が親密になるケースも多いのだが、それは相手の人柄や政治的立場を正確に把握してからのことだ。

つまり、それだけ米国は中南米で嫌われているということだ。メキシコや革命前のキューバが最たる例だが、中南米における米国の〝経済的侵略〟は東南アジアにおける華人の例と比較しても十分に強力だ。しかし、中南米で米国が義徳善堂のような活動を展開している話は聞いたことがないのだ。

2021年に、それまでアフガニスタンに駐留していた米軍が大型軍用機で母国に引き揚げていった姿は記憶に新しい。米国は、ある国で反米感情が高まった場合に当然、対処法も考えるだろうが、最終的には「母国に帰る」というオプションを切り札として持っているのではないだろうか。キューバ革命の際の対応は、それを裏づけているように思えてしまう。また、ベースボール（野球）という米国発祥のスポーツが「ホームに還《かえ》る」ことによって得点となるのも、じつに興味深い。

一方で中国には、異国に経済進出していく際のノウハウがリスク回避まで含め歴史的に蓄積されてきている。アフリカというフロンティアで新しい関係を築いていける可能性が大きいのは、どちらだろうか。

アフリカと中国に共通する「権力観」と「太く短く」

私は、大雑把にいってしまえば、現在のアフリカ諸国はある意味で、約30年前、鄧小平の実施した経済開放政策が軌道に乗り始めた当時の中国に似ていると考えている。スーダンなど各地で内戦が続発していた時代も、清朝末期から日本が大陸に進出した当時、大小の軍閥が乱立していた頃の中国と同じようなものかもしれない。

1990年代以降、中国経済は急成長を遂げ、アフリカの経済もいくつかの国ではすでに急成長の過程に入っている。経済の急成長は、確実に社会の歪《ひず》みを拡大する。その歪みに、欧米社会は経済成長を維持しながら長い年月をかけて対処してきたが、同じような対処が中国やアフリカ諸国のような後発国に許されるだろうか。実際問題として、CO_2の具体的な削減目標、スケジュールまで提示されて特に工業の成長には抑制的な力が加わっている現在の世界に、それほどの時間的余裕は残されていないだろう。

社会に生じた歪みを解決するためには、社会全体が経済成長を持続する必要がある。経済成長が止まったりマイナスに転じた社会で問題を解決しようとしても、新たな問題を生むだけだ。しかし、経済成長を今後も持続できる保証は、やはり存在しないのだ。

となれば、国連が掲げるSDGs（持続可能な開発目標）などは無視して「経済成長している間に、ヤッたもん勝ち」「太く短くだ」という考えが頭をもたげてきても不思議はない。そして、「一国の最高権力者ならば国の将来に向けた政策を実施すべき」というのは正論だが、すべての権力者も含めて、人生というのは短いのが現実だ。「自分が死んだ後の国のことなど知るものか」と考える権力者が理想的でないのは当然だが、政治の世界で世襲が常態化し、親の世代の政治家が子どもに地盤を譲ることだけに腐心して大胆な政策を打ち出せずにいる日本だって偉そうなことはいえない。

そもそも中国は4000年の歴史を持つ国だが、その間には多くの王朝の興亡があった。企業になぞらえていえば、モンゴル資本に入られたこともあるし、英国資本に乗っ取られそうになったこともある。権力が持続可能なものであるという考えは、中国人には毛ほどもないだろう。

それは、アフリカ諸国の多くの権力者にもいえることだろう。そして、太く短くの宿命を背負った権力者は、真に求められる権力の本質を理解しているはずだ。中国の統治者に求められた権力とは、いずれの王朝においても黄河、揚子江というふたつの大河の治水事業を実行することだった。それは圧倒的な労働力と費用を要する巨大事業で、権力の象徴だとしても負担が大きい。しかも、いくら工事しても洪水は毎年のように起きる。「持続可能な権力」などということを考えた皇帝は数えるほどしかいなかったはずで、その構想も結局は夢に終わっていった。

そんな中国的権力観は、現代のアフリカ諸国の権力者たちとも、またそれらの国の一般生活者とも親和性が高いのではないか。私は、そう考えている。

日本的「細く長く」の罠

対照的に、日本では「細く長く」という考え方が経営の理念としても尊重されている。いうまでもなく「細く」と「長く」で重視されるのは後者で、たとえば現代の日本で「長生き」は無条件に幸福の条件として価値を持ち、批判はほとんど許されていない。しかし、幸福に長生きをすることができるシステムは用意されているだろうか？

現在の日本では公的年金の受給開始年齢が段階的に引き上げられ続けていて、定年後も仕事を続ける人も増えている。しかし、公的年金の受給開始年齢は引き上げられても、給与体系は以前のまま据え置かれ、かつての定年を越えてそのまま社員として働き続けても給与は下がるというケースも増えているという。平均寿命が伸びても、生涯賃金の伸びはそれに追いつかないのが現実だ。

仮に生涯賃金が一定だとすれば、50年生きた人は100年生きる人に比べて1年あたりの支出面で2倍豊かな人生を送ることができる。これが数学的事実だ。それでも「長く」は日本社会で価値を持ち続けている。日本の大手商社の収支報告を見ても、利益を上げている事業の多くは昭和の時代に開拓した事業だ。たしかに長く事業を継続しているが、これまでにどれだけの価値を生み、今後にどれだけの価値を生む可能性が残されているのか。本来のビジネス的焦点は、長いか短いかではなく、利益の大きさにあるはずだ。

バブル崩壊後の失われた30年間に超低金利が常態化したことも、日本人の「カネと時間」の感覚を狂わせたかもしれない。私も含めて、現在40代で現役最前線世代の日本のビジネスマンは、社会人になってから超低金利時代しか経験していない。

超低金利のなにが問題かといえば、少なくとも生活者感覚では「1年後の1万円も、今日の1万円と同じだ」と考えがちになってしまうことだ。もちろん、この考えは資本主義の前提に照らし合わせれば間違いだ。そして、超低金利時代の以前から、金利を無視したかのように「長く」を過剰に尊重する文化が日本には存在していた。最たる例が年功序列を基本とした従来型の給与体系だろう。

個々の能力とは関係なく、若い頃の収入が抑えられる反面、その後の収入アップが保証され、さらに退職金まで積み立てられていく。つまり、若い頃にはもらっている給与の額面以上に働き、その分、年齢が上がってからラクをするというシステムだが、これを受け入れるには「1年後の1万円も、今日の1万円と同じだ」と考えることが前提になるだろう。

逆に、若い頃に給与の額面以上に働いていた分の金額を退職金の積み立てなどに回さず、投資していたら……。こう考えるのが、資本主義的には正解なのだが、日本のビジネスマンは給与体系の面からも「細く長く」を尊重する社会風土に飼い慣らされてきたのかもしれない。そもそも、細く長くの「細く」も、長くなった結果かもしれない。

こうやって考えてくると、国連の掲げるSDGsもやはり超低成長が前提で、欧米先進諸国が環境問題の現実を突きつけられた結果、成長は諦めて現在の生活レベルを細く、そして少しでも長く維持していくためのものに思えてしまう。

経済成長と「開発独裁」

「開発独裁」という言葉が広く使われるようになったのは1980年代以降だが、その意味は「経済成長を約束する独裁」だ。

そして、アジア各国に目を向ければ、現在の経済的発展の背景には、多くの国で開発独裁を実践してきた（許してきた）歴史が存在する。たとえば、朴正熙《パクチョンヒ》による軍政下の韓国（1963～79年）。朴正熙は陸軍少将として軍事クーデターを主導し、政権を奪取すると直ちに戒厳令を敷いたのだから、紛れもない軍事独裁政権だ。しかし、この独裁下で「漢《ハン》江《ガン》の奇跡」とまで呼ばれる経済成長を実現したことも事実なのだ。

ほかにも、フェルディナンド・マルコス政権下のフィリピン（1965～86年）、スハルト政権下のインドネシア（1967～98年）などが開発独裁に相当するだろう。そして、いずれの政権も独裁の一方で明確な経済成長を国民に示してきた。しかし、やはり独裁者にハッピーエンドはない。朴正熙は芸能人やホステスも同席していた華やかなパーティ会場で射殺され、マルコスも積年の汚職の末に妻・イメルダのハイヒールを残してコラソン・アキノの「ピープルパワー革命」で国を追われた（長男のフェルディナンド・マルコス、通称ボンボン・マルコス氏が2022年の大統領選挙に勝利したが）。

インドネシアで長期政権を維持していたスハルトも、90年代後半のアジア通貨危機に直面すると、それまでは経済成長によって覆い隠されてきた民衆の不満が一気に爆発し、首都ジャカルタで暴動が発生した。この章の冒頭で紹介した「5月暴動」だが、この結果、スハルト大統領は辞任に追い込まれ、辞任後に逮捕された。在任中の数々の汚職に関して訴追され、スハルトは08年に86歳で死去したが、総額14億ドルに上った不正蓄財の返還と損害賠償を求める民事訴訟は、現在も係争中だ。

まさに、太く短く駆け抜けた独裁者たち。結局、急激な経済成長は多少の汚職ぐらいは覆い隠してくれるが、成長が鈍化して市民経済に少しでもマイナスの影響が出たら最後、待っているのは吊し上げということだ。しかし、韓国もフィリピンもインドネシアも、その後もいくつかの困難な問題はあったものの経済成長を続けている。そして、それぞれの国の現代経済史においては、いずれの政権も「インフラ投資を通じて経済的基盤を築いた」という一定の歴史的評価をされていることは留意すべきだろう。

ちなみに、開発独裁で唯一、悲惨な政権崩壊に至っていない例外は、リー・クアンユー(1923~2015年)が1965年、マレーシアから独立する形で建国し、現在も彼の親族たちが権力の中枢にあるシンガポールだろう。リー・クアンユーは90年に首相の座を子飼いのゴー・チョクトンに譲ったが、2004年からはリーの長男リー・シェンロンが首相の座にある。また、リー・クアンユーは首相退任後もゴー・チョクトン政権下では上級相として、リー・シェンロン政権下では11年の政界引退まで内閣顧問として、院政さながらに眼を光らせてきた。

シンガポールで地元のビジネスマンたちと本音のトークになると「シンガポールの経済は、インフラ産業という基礎の部分から〝リー・ファミリー〟に牛耳られている」という声も耳にすることがある。まあ、リー・クアンユーはただの独裁者ではなく、建国の父でもある。国を作ったのだから、仮に私腹を肥やそうとすれば利益構造の基礎から持っていくだろう。また、さらに辛辣《しんらつ》ないい方で「シンガポールは明るい北朝鮮だ」と評した人もいた。

私なら「シンガポールは〝豊かな〟北朝鮮」というだろう。結局のところ、シンガポールでリー・クアンユーのファミリーによる独裁的支配が続いていても、経済が成長を続けている（市民生活にマイナスの影響が出ない）限りは、不満は燻《くすぶ》りながらも体制は維持されるのだ。そして、シンガポールはその経済成長を維持し続けている。20年のGNI（国民総所得）はカタールに次いで世界2位、ひとり当たりのGDPも日本の2倍以上という超富裕国にまでなっているのだ。

ちなみに、安倍晋三元首相が「シンガポール型の国家」を目指していたというのは、広く知られるところだ。そして、シンガポールの例は、太く短くどころか「太く長く」の開発独裁も可能であることを示しているのではないか。また、2022年5月のフィリピン大統領選挙で当選したのは、開発独裁の果てに国を追われたフェルディナンド・マルコス元大統領の長男でインフラ投資重視の政策を掲げるボンボン・マルコスだ。ピープルパワー革命から約35年が経過し、フィリピンの国民は再び「太く短く」の開発独裁路線を選んだように見える。

こういった事例からも、日本流の「細く長く」という美徳が、とっくに世界で通用しなくなっていることは明らかだろう。

『ショック・ドクトリン』が暴いた西側の独裁

シンガポールでは現在、貧富の格差拡大が表面化してきている。経済成長というパンで抑え込んではいるが、民衆の不満は高まり続けている。このような状況は、欧米先進諸国の〝スタンダード〟から見れば、決して理想的な社会とはいえないだろう。仮に、シンガポールがロシアや中国のように欧米社会と対立する事態になれば、このようなシンガポール社会の人道的矛盾が中国の場合と同じように非難の対象になる可能性もある。

しかし、そうなるとまた「欧米は開発独裁に対して、それほど偉そうなことをいえるのか？」という問題が浮上するのだ。この疑問に答えたのが、カナダのジャーナリスト、ナオミ・クラインが07年に発表した『ショック・ドクトリン／惨事便乗型資本主義の正体を暴く（The Shock Doctrine: The Rise of Disaster Capitalism）』（日本語版、岩波書店、2011年）だろう。

このレポートでクラインは05年に米国を襲ったハリケーン・カトリーナや01年の9・11テロなどの災害・非常事態を取り上げ、その被害からの復興過程でどのような経済的・政治的独裁がおこなわれたかを検証している。前掲した東南アジア諸国の例を見ても、開発独裁は途上国の成長過程でこそ成立するものと考えがちだが、実際には、経済的には成長から「成熟」の段階に入ったと見られている国でも開発独裁と同様のことが横行していると指摘しているのだ。

簡単にいってしまえば、こういうことだ。ハリケーン・カトリーナに直撃された直後の当該地域はすべてが破壊され、開発前の状態に戻ってしまっている。そこから始まる復興事業では開発独裁のような大胆な計画も許され、結果的に巨大資本を潤しているというのがクライン氏の指摘だ。

この『ショック・ドクトリン』以降、同様の研究が進み、オリンピック／パラリンピックの開催地でもハリケーン・カトリーナの被災地や独裁政権下の途上国と同じ問題があったことを指摘する論文も発表されている。たしかに、「オリンピックを開催して、世界からお客さんを招くのだ」というスローガンは、国民に対して「決して挫けず、復興を実現する」という訴えと同等の説得力を持つのだろう。実際に、オリンピック開催の陰で強制移住や人種差別のような人権侵害があったことが報告されている。

開発独裁というのは、いつでも、どこにでも出現するということだ。

そして、ショック・ドクトリンによる独裁も「太く短く」に違いない。

一瞬のタピオカ・ブーム

そういえば、私たち日本人も「太く短く」で成功したビジネスを最近、目の当たりにしたはずだ。

18年頃に突然のごとく巻き起こったタピオカ・ブームだ。ご記憶の方も多いはずだ。タピオカは、従来から中華料理のデザートとしては杏仁豆腐と並ぶ定番だったが、それに特化したスイーツ専門店が首都圏をはじめ日本各地の繁華街に一気呵成に店舗を急増させたのだ。

まず、タピオカという商材に目をつけた点が鋭い。本書の「はじめに」でイクラなどの魚卵を例に挙げたが、同じ視点で商材を選んでいる。タピオカはトウダイグサ科のキャッサバという植物の根茎から作られる食材だが、小麦から作られる食材などと比べて圧倒的に安価だ。つまり、タピオカを商品化して売るビジネスの利益率も当然、高くなる。当たれば大儲けは確実なビジネスだが、この展開の仕方は、まさにチャイニーズ商法だった。

日本でタピオカ・ビジネスを主導したのは台湾系の資本だといわれているが、彼らは「まず、マーケットの反応を見る」ということをしなかった。一気に複数の店舗を展開して、初期段階から〝パワープレー〟でタピオカを売ってきたのだ。そして、ブームが去れば、機を見誤らずに撤退。あるいは、タピオカ・ブームを作り、牽引したブランドを買いたいという企業があれば、よろこんで売る。また、日本国内でタピオカ・ビジネスを展開した資本は、同時にバンコクでもタピオカ・ブームを巻き起こすことに成功していた。

そういうビジネスが大成功を収める光景を私たちは、つい最近、目撃したのだ。もちろん、タピオカ・ブームで（会計の不備はあったかもしれないが）、特に違法行為が横行したわけではない。合法的に、目の前で、太く短くのビジネスが成功を収めているのだ。むしろ、現代の起業家では、自分の起こしたビジネスを成功させ、まだ成長の余地を残した状態でブランド、ライツごと高値で売り抜くことを着地点に考えているほうが多数派にも思える。その背景には、SNSの普及によって特定のブームの描く曲線が変化したことも挙げられるだろう。タピオカ・ブームもSNSで発信されることによって、より短く、より太くを実践するビジネスとなった。

今後も「細く長く」に価値があるとすれば、それは「未来が予測可能」な場合に限られるだろう。

リープフロッグ現象

アフリカの多くの国は現在、急激な経済成長を続けている。その成長の勢いは、インターネットでアフリカの情報を仕入れているだけの人たちには到底、理解できるものではない。

前述のように私はアフリカでも特にケニアを訪れているが、ケニアといえば「マサイ」を想像する日本人は少なくないだろう。1980年代には武田薬品の「アリナミンA」のテレビCMで槍を手にしたまま高々と跳躍し、同商品がアピールする「活力」「元気」を体現していた。もしかすると、アリナミンAのCMから30年以上経過した現在も、日本人はケニアに対して同じイメージを持ち続けているのではないか。

現在でも観光ツアーに参加すれば、民族衣装を身に付け、槍をもったマサイの姿を見ることができる。観光客は喜んで写真を撮っているが、もはやそのような姿のマサイは存在していない。実際に持っているのは槍ではなく、スマートフォンだ。

アフリカ諸国などの新興国で今、「リープフロッグ現象」という現象が起きている。直訳すれば「カエル跳び」。インフラの整備や技術発展を経ずに新しいサービスが一気に普及することを意味する。固定電話が普及していない地域で携帯電話が一気に普及する状態が、例としてよくあげられる。

従来の経済成長の過程にある社会なら、長屋暮らしの人が家を持ちたいと願うことは普通だ。そして、努力して、その願いを実現したら、次に別荘を持ちたいと思うかもしれない。しかし、急成長というのは、こういった段階をスッ飛ばして人間をまったく価値観の異なる生活に放り込んでしまうものだ。

「持ち家？　別荘？……興味ないし」

といいながら、長屋暮らしのまま莫大な資産をインターネットで運用しているかもしれない。同一の価値観のベクトル上で豊かさが実現されるのではなく、突然に価値観の異なる豊かさに放り込まれてしまったのだ。

これをSFの世界の話のように受け取るなら、あなたは、あまりにも低成長に馴れ過ぎた人間だ。前述のように、日本では失われた30年で超低金利が常態化している。また、日本も1960年代前後に高度経済成長を経験したが、当時と現在では多くの点で経済を取り巻く環境が異なってきている。

特に情報の伝達・拡散に関する高速化は目覚ましい。19世紀にカリフォルニアのゴールドラッシュを目がけて1年がかりで全米から採掘者が集まったとすれば、現代では1週間でそれ以上の人が集まるだろう。しかも、全米ではなく、全世界から。

こうした現象も、間違いなく「太く短く」に分類される。

「急成長の痛み」は、同じような急成長を経験した者にしかわからない。

じつは、アフリカに進出している中国自身も、強烈な痛みに苦しめられている。本書ではアフリカにおける鉄道ビジネスで中国側の受注企業をいくつか紹介してきたが、それらのすべてに関わり、実際に車両を製造し、輸出しているのが国有企業「中国中車(CRRC)」だ。

同社は、世界的に見てもシーメンスや日本の川崎重工業など従来の鉄道ビジネスで主役を務めてきたプレーヤーたちを乗り越え、現在、圧倒的ナンバーワンの地位にある。しかし、同社にも急成長を遂げたがゆえのジレンマがある。同社はまず、中国国内の高速鉄道需要によって過去20年で急成長を遂げたが、中国の高速鉄道網は人口100万人以上の都市の90％以上を結ぶまでに発展してしまった。もはや、中国国内に成長の余地は残されていない。同時にCRRCは、常に複数の巨大プロジェクトを手がけていなければ存在を維持できないほど肥大化してしまっている。

つまり、CRRCとしては是が非でも海外の案件、特に延長距離が長いアフリカの鉄道建設を落札しなければならない状況に陥っているのだ。また、中国の鉄道ビジネスは、沿海部に比べればまだまだ貧しい人口の多い中国内陸部の労働者に仕事を与えるという国家的使命も帯びている。そして、アフリカには開発独裁を実践中で、パートナー候補の権力者たちがいる……。

このような図式で、特に21世紀以降のアフリカにおける鉄道ビジネスで、中国は驚くべき進出を実現してきた。

そして、それを「グローバル協定違反だ」などといって非難することは、それこそ時間の無駄である。

コラム　メイド・イン・チャイナが見当たらない国

中欧、東欧諸国が中国との関係をめぐって二極化する傾向にあります。

2021年、台湾がバルト3国のひとつ、リトアニアに台湾代表処（大使館に相当）を設置するとしたことに中国が猛反発。以来、なにかとゴタゴタしています。

習近平は「一帯一路」構想を掲げ、中国からヨーロッパまでをカバーする大経済圏の構築を目指しています。「一帯」は「シルクロード経済ベルト」とも呼ばれ、中国→中央アジア→ヨーロッパと連なる陸路です（「一路」は中国沿岸→東南アジア→南アジア→アラビア海→アフリカと連なる海路「21世紀海上シルクロード」）。

中東欧は西ヨーロッパとの通路にあたるため、中国としてはぜひ押さえておきたいエリアです。ですので、中国はさまざまなバラまきをおこなっているわけですが、中東欧諸国のスタンスを整理してみましょう。

親中派　ギリシャ　最大の港、ピレウス港の運営権を譲渡

セルビア　　道路などのインフラ、ワクチンなどの援助を受ける
ハンガリー　中国の大学の設置など。国内で反発もあり微妙
西欧回帰派　リトアニア　人権問題などを重視
　　　　　チェコ　　援助がなかなか実施されない

ギリシャ→セルビア→ハンガリー→チェコ、は地中海から大国ドイツにつながるラインです。そこからチェコが離脱すれば、中国にとっては非常に痛い事態となってしまいます。一方で中国は各国の人口、市場規模などから一帯一路構想における重要性をシビアに査定しているはずです。

リトアニアとロシアの飛び地、カリーニングラード

リトアニアとポーランド（共にEU、NATO加盟国）に挟まれたカリーニングラードという場所があります。

カリーニングラード州（州都カリーニングラード）はロシアのもっとも西に位置する領土で、いわゆる〝飛び地〟です。バルト海に面した、ロシアにとっては唯一の不

凍港であり、非常に重要な拠点になっています。

ここで注目すべきは、やはり鉄道です。ロシアからカリーニングラードに列車で荷物を運び込もうとすれば、リトアニアを通らなければなりません。

EUはロシアのウクライナ侵攻に対する制裁措置を講じています。それに沿って、22年6月、リトアニアはEUの制裁対象である貨物を積んだ列車の通行を制限（禁止との報道も）しました。

ロシアは対抗措置も辞さない構えです。リトアニアとロシア、EUとロシアの関係が緊張を増すことは必至でしょう。

この先どうなるのか。

まさに、鉄道の状況が世界を動かしています。

コソボ共和国の首都プリシュティナ

親中派として名前を挙げた旧ユーゴスラビアのセルビアの隣に位置するのがコソボ

共和国。首都プリシュティナに行ったことがあります（２０１９年）。旧ユーゴの未承認国家と聞くとなにか不穏なイメージを抱くかもしれませんが、静かで落ち着いた非常にいい場所でした。

百聞は一見に如《し》かず。現場でこそわかることがある、現場でしかわからないことがある……、常に私が旨としていることですが、コソボでも痛感しました。

プリシュティナのスーパーで発見したことがあります。「メイド・イン・チャイナ」の製品が見当たらないのです。日本製の醤油などはありました。

理由として考えられるのは、隣国セルビア共和国との関連です。２００８年にセルビア領内の自治州が独立し、コソボ共和国となりました。セルビアはそれを承認していないため、対立があります。

セルビアは親中派。敵の味方は敵、でしょうか？　そういう心情もあって、「メイド・イン・チャイナ」のものが見当たらないのではないかと推察しています。

では、日本のビジネスマンがどう行動すべきなのでしょう。

セルビアと対立関係にあるボスニア・ヘルツェゴビナやモンテネグロなどの旧ユーゴ諸国、さらにアルバニアなどは中国よりも日本にシンパシーを感じる可能性があるのではないかと考えています。

参照／旅するビジネスマン 小林邦宏チャンネル

第4章　変化と流動の時代のビジネスチャンス

激変した移動時間

世界中を旅していると、時間の感覚が妙に敏感になることがある。

ある国の駅から高速鉄道で別の国の駅に向かっていて、自分は「未来に向けて旅しているのだ」などと考えてしまうのだ。たしかに、到着時刻は出発時刻から見れば明らかな未来なのだが、普段は地球上の2点間の物理的距離を移動しているという認識しかない。日常の生活では到着時刻という数時間先を未来と考えることは少ないが、旅という特殊な環境（私にとっては日常かもしれない）が、今まで気づかなかったことに気づかせてくれることもあるようだ。

人間の1日の行動を「○○している時間」という視点で区切って考えてみると、たとえば「眠っている時間」に人間がやっていることは100年前とほとんど変わっていない。100年前に比べてベッドで寝る人が増えたとか、変化といってもその程度だろう。「働いている時間」は、ITの発達やテレワークの普及などで変化もあるが、それでも100年前にデスクワークしていた人は、現代でもデスクの前に座っているはずだ。なんといっても、この20年間でもっとも大きく根本的に変わったのは「移動している時間」だろう。

簡単にいってしまえば、かつての移動時間というのは〝死んだ時間〟だった。出発して目的地に着くまでの数時間、基本的に通信も途絶状態だった。そのため、昔のサラリーマンは新幹線に乗り込むと「どうせ数時間は仕事ができない」と諦めて駅弁を開き、缶ビールを飲んでいた。しかし、現代のビジネスマンが新幹線に乗って、まず開くのはラップトップPC。もちろん、通信も可能だ。

こうなると、新幹線の速度が上がって目的地までの所要時間が1時間短縮されたところで、さほどうれしくもないだろう。むしろ、列車の速度よりも「快適な作業環境」こそが、利用者が鉄道に求めているものではないのか。たとえば、豪華なクルーズ船というのは、そもそも「速さ」よりも「快適さ」を重視した移動手段だが、現在では衛星回線を利用したインターネットも使用できるようになっている。今後はビジネス・エグゼクティブの移動手段としての需要が増えてもおかしくないはずだ。

世界各地の入札で中国に敗れ続けながらも、日本は新幹線を輸出するべくアプローチを続けている。2015年にはバンコク―チェンマイ間（約670㎞）の高速鉄道建設で日本はタイ政府と合意し、正式契約も締結された。しかし、高速鉄道は本当に「今求められるもの」なのだろうか？　また、品川―名古屋間を40分で結ぶリニア中央新幹線は、本当に必要なのか？

この章では、そんなところから話を始めたいと思う。

テキサスに新幹線?

世界初の長距離高速鉄道として1964年に開業した東海道新幹線は営業面でも成功を収め、現在でもJR東海の圧倒的主力路線として活躍中である。しかし、この成功の背景には、ある「地理的な条件」が存在していたはずだ。

東京—新大阪間の路線距離は515km。この程度の距離で、しかも同じ本州に位置する日本の首都と当時の第2の都市を結んだことが、東海道新幹線の成功の理由だろう。そう考えれば、台北市・南港駅から高雄市・左営駅の345kmを約90分で結ぶ台湾高速鉄道も成功の条件を満たしている。実際に集客力も高いようだ。

一方で、バンコク—チェンマイ間を結ぶタイの高速鉄道は前述の通り、日本が開発援助のパートナーとなったが、契約はしたもののプロジェクトは本格始動していない。現地では、この高速鉄道の採算性を問題視する声もあるという。670kmという距離に問題があるのだろうか。

東海道・山陽新幹線で東京駅から670kmというと、岡山のあたり。高速鉄道の限界ギリギリかもしれない。行き先が広島なら、多くの人が飛行機を利用するだろう。また、ニュージーランドのように首都ウェリントンと第2の都市クライストチャーチが南北の島に分かれている国も、高速鉄道建設には向いていないはずだ。

さらに、2022年3月には米国のバイデン大統領が雇用プランの一環として、テキサス州に日本の技術で高速鉄道を建設するプロジェクトを発表したが、これはどうだろう。ヒューストン－ダラス間、約380㎞を90分で結ぶというから、距離は台湾高速鉄道と同程度。しかし、バイデン大統領は「公共交通の整備」も雇用プランに掲げているが、アメリカの社会を考えると「高速鉄道に乗るまで、降りた後の移動手段は?」と心配になってしまう。

ちなみに、私は22年4月にダラスに滞在していたが、現地のビジネスマンと会話しても誰もこのプロジェクトを知らなかった。私がプロジェクトが現在進行中であることを伝えると、彼らは一様に

「そんなのカネの無駄遣いだ。プロジェクトを主導している政治家はアメリカのことがわかっているのか!? クルマ社会のテキサスで、駅に着いてからどうすればいいんだよ」と語っていた。

では、着々と建設が進められてきたリニア中央新幹線は成功するのだろうか？

２０２７年に開業が予定されている品川—名古屋間は約２８５㎞。この距離が、最高時速５０５㎞のリニアモーターカーによって約40分で結ばれるという。突発的に「1時間以内に東京から名古屋に行かなければいけない」という事態に遭遇した人には、唯一の移動手段となるだろう。しかし、そんな人がどれだけいるだろうか。それ以外の人々にとって、リニア新幹線の速さはどれだけの価値を持つのだろうか。

技術の限界効用

そもそも前述の通り移動手段の価値基準は「速さ」から「快適さ」へと重心が移りつつあるが、それ以前から「速さ」がもたらす価値には一定の限界があったはずだ。

たとえば、お湯を注いで3分で食べられるカップ麺は世界的ヒット商品となったが、調理時間を1分に短縮したところで売り上げが3倍にならないことは、すでに実証されている。また、調理時間が5分という商品も、市場で特に劣勢というわけではない。つまり、カップ麺の調理時間に求められる「速さ」は、３分前後で価値をもたらす限界に達するということだ。

現代の移動手段では、ある意味で速さよりも重要になる「快適な作業環境」という要素はどうだろうか。前述したクルーズ船や、飛行機では衛星回線を使ったインターネット・サービスが利用できるが、鉄道で衛星回線を利用している例はまだ聞いたことがない。そして、リニア中央新幹線は従来の鉄道と同じ通信手段を使うには「速過ぎる」という問題を抱えている。ＪＲ東海はホームページにリニア中央新幹線に関するＦＡＱのコーナーを設けていて、

トンネルの中でも電波はありますか。（車内で携帯電話やＰＣのインターネットは繋がりますか。）》（原文ママ、以下同）

という質問に対して次のように回答している。

営業線での携帯電話やインターネット接続サービスは、今後の世の中の技術の動向やお客さまのニーズを踏まえ、より良いサービスの形を今後検討していきます。

要するに、現時点では問題が存在し、それが解決できるかもわからない、ということだ。大丈夫か!?

2005年から15年までフランスのブガッティ・オトモビルが生産していたスーパーカー「ヴェイロン」は、標準モデルでも最高時速407kmという驚愕のスペックを誇った。時速200kmで飛ばしているクルマを、さらに200km以上速い速度でブチ抜けるというのだから尋常ではない。「東京から成田まで最高速度で巡航すればわずか10分。ただし、道路が直線ならば(笑)」といわれたほどだ。

しかし、限定生産300台の内、日本には15台が割り当てられていたが、実際の販売は3台にとどまった。日本での販売価格は1億6000万円以上だったが、この手の商品に価格はあまり関係ない。「最高速度の時速407kmを出すには、一度停まって、ウィングを出す必要がある」という〝意味不明〟のメカニズムがユーザーに敬遠された可能性はあるが、やはり「最高時速・407km」は必要の限界を超えた速さだったのだろう。

テクノロジーを向ける先

自動車の開発者が速いクルマを作りたくなるのは当然だ。それは、自動車に関わるすべての技術者の本能かもしれない。

しかし、ビジネスの焦点は、必ずしもそこにはないということだ。実際に、スーパーカーのマーケットは自動車産業全体の一部に過ぎない。軽自動車のマーケットも存在するし、大型トラックのマーケットも存在するのだ。軽自動車マーケットで儲けようというのなら「速さ」とは異なるセールス・ポイントが必要になるのは、いうまでもない。つまり、テクノロジーを向ける先を正確に把握することが必要なのだが、私には、どうも日本人はここも苦手にしているように思えてならない。

たとえば、テレビ放送や受信用モニターは驚くべき貪欲さで画質を向上させているが、この開発競争はどこまで意味があるのか。多くの人が「もう、いいでしょ!?」と感じているはずだ。人間の眼には限界がある。一定のレベルを超えれば、どんなに画質を向上させてもヴェイロンの過剰なスピードと同じになってしまうのだ。

そして、コロナ禍は図らずも「テレビにこれ以上の画質は必要ない」ということを多くの人に体験的に認識させてしまった。ワイドショーの出演者の多くが、スタジオで密状態になることを避けてインターネット回線を利用してリモートで出演するようになったが、ほとんどの視聴者がその低画質によるストレスを感じないからスタンダード化している。

私にも、日本の大手家電メーカーに勤める友人がいる。彼は、私に会うと自分が携わっている新商品の話をしてくれる。

「今度の商品には、こんな機能がついている。さらに、こんな機能も。そして、スマホを活用すれば、こんなことだって可能だ」

私は、聞きながら「その機能って、必要か?」と考えている。友人も、それらの新機能に大きな価値がないことはわかっているから、話しているうちに声のトーンも落ちてくる。一説によると、撃沈された戦艦大和も〝無駄なテクノロジー〟の塊だったそうだ。日本人には、誤った方向へテクノロジーを発展させていく性癖があるのかと思えてしまう。

近年、日本人の創意工夫が正しい方向に向かってヒット商品を作った例といえば、ウォシュレットなどの温水洗浄便座ぐらいのものかもしれない。この商品では日本のテクノロジーが正しい方向に向かったということだが、その理由も明確な気がする。まず、この商品では開発に際してテクノロジーを向ける先が、間違えようもないほどハッキリしている。排便後の肛門周辺を洗浄するということだ。そして、従来はそこにトイレットペーパーが置いてあっただけ。目的を見誤ることなく、存分の創意工夫を働かせる余地があったから、日本の温水洗浄便座は中国などでもヒット商品となったのだ。

しかし、今後はわからない。「インターネットを利用して、帰宅時刻に合わせて便座を温めておける！」とか「毎朝、尿の状態を便器から直接、5G通信で医療検査機関に送って健康チェック！」なんていうアイデアが反映され、他の家電商品と同様に国際的競争力を失ってしまうかもしれない。

どんな技術にも「価値の限界」があるということでもある。1970年代の日本のテレビCMで頻繁に目にした家電製品といえば電気シェーバーだが、最近では通販番組でもほとんど見かけない。もちろん、世の中からシェーバーがなくなったわけではない。どういうことかといえば、もはやシェーバーにはテレビCMを放送してまでアピールするべき新技術は残されていないということだろう。

汎用性よりも〝唯一無二の価値〟を生む技術を

日本の家電製品が世界市場で競争力を低下させていった背景には、もちろん中国をはじめとする新興工業国の製品との価格競争もあった。しかし、その競争は「してはいけない競争」ではなかったか。日本で非正規雇用の労働者が急増した背景には、間違いなく、この価格競争が存在している。

価格競争で日本が中国に敗れるというのは、アフリカにおける鉄道開発の受注争いと同じだ。そして、価格面の不利を補うために日本側が採用する戦略も同じで、「付加価値をつける」というものだ。この付加価値を考えようとして、日本人は往々にして誤り、テクノロジーを「はぁ?」と思うような方向へ発展させてしまうのだろう。

テクノロジーを正しい方向に向けることができれば、価格競争に巻き込まれることのない価値を持った商品を開発することができる。たとえば「デロンギ」などに代表されるイタリアの一部のコーヒーメーカーは、価格とは関係なしの価値を認められ、世界中のコーヒーファンに愛用されている。コーヒーメーカーに求められるテクノロジーも結局は「美味いコーヒーをいれる」という一点が核心で、高い技術力をそこに集約できれば、競争力のある商品を生むことができるのだ。

日本では一般的に「汎用性のある技術」が高い評価を得る傾向にあったと思うが、現在の世界市場で生き残るために必要な技術は「唯一無二の価値を生む技術」なのだ。「白物家電」などといったカテゴライズで考えるのではなく冷蔵庫なら冷蔵庫で、洗濯機なら洗濯機で、本当に求められる技術はなにかを、もう一度、検討するべきではないかと思う。

よく冷える冷蔵庫、汚れがよく落ちる洗濯機……そういえば「吸引力の落ちない掃除機」はヒット商品になったではないか。それを開発する技術力が日本になかったとは思えない。やはり、テクノロジーを向ける先を正確にフォーカスできていなかった。

全体を狙わず、一部を独占する戦略

じつは、日本にもデロンギのコーヒーメーカーや、ダイソンの掃除機と同じような〝唯一無二の価値〟を持った家電製品を生産している企業がある。東京都に本社を置き、印刷関連機器の製造、販売をおこなう小森コーポレーション（1946年設立）だ。私自身、仕事で付き合いがある。印刷関連機器というとドイツの会社なども有名だが、小森コーポレーションは機械のサイズをアジア人が使いやすいよう体格に合わせるなどし、アジアで受けているとのことだ。

たしかに、全方位作戦では、必ず価格競争を強いられる。それよりも、作業環境のすべてではなく一部でも、価格競争とは無縁の唯一無二の価値を持った商品で確実に押さえることこそ、長期的に見ても確実な利益を生むはずだ。

本題に戻ろう。私は、アフリカにおける鉄道建設の落札で、日本が敗れても落胆することはないと考える。ここで日本が価格競争をしても勝ち目はない。また、的外れな付加価値を提案したところで逆転は難しいだろう。しかし、鉄道網の整備というプロジェクトも「PCを中心とした作業環境」と同じように、いくつかの段階、要素に分かれているのだ。

狙いを定め、そこに技術力を集中して唯一無二の価値を生むことができれば、価格競争を強いられながら利益率の低い商品のマーケットを死守する以上に大きな利益が得られるはずだ。問題は、自分たちが勝負するゾーン（勝てるゾーン）を正確に見極められるかどうか。しかし、私も財閥系の商社にいたのでわかるが、日本の大手家電メーカーの多くも財閥系だ。ほとんどの産業を網羅するグループ企業が背景にあれば、どうしても全体を獲りにいきたくなってしまうものだ。

もちろん、それで勝てれば問題ない。が、勝てないのなら、別の戦略を考える必要がある。

脱「メイド・イン・ジャパン神話」

そう考えてくると、本書の冒頭で紹介したインドネシアの高速鉄道プロジェクトで中国に敗れた後、日本（三井住友建設）が受注したジャカルタの都市高速鉄道プロジェクトには可能性を感じる。ジャカルタとバンドンを結ぶ高速鉄道は中国に獲られたが、２大都市を結ぶ高速鉄道も、それぞれの都市で前後を結ぶ交通網が整備されていてこそ高い利用価値を持つのだ。正しい戦略で進めれば、メイド・イン・チャイナの高速鉄道以上に大きな利益を生む可能性もあるだろう。

ただ、その可能性を考える前に、もう一点、日本が闇雲に全体を獲りにいってしまう理由を指摘したい。それは、メイド・イン・ジャパンの商品（自分たちの製品）に対する過剰な自信だ。モニターだけでなく、キーボードもマウスもメイド・イン・ジャパンが品質最高のはず。その過信が、勝ち目の薄い全方位戦略の唯一の裏づけとなっているように思える。

21世紀に入った頃から欧米では日本酒がブームで、実際に海外における日本酒の消費量は格段に増えている。そんな状況で海外でもSAKEが造られるようになった。日本でもワインが造られるのだから、当然のことだ。しかし、こうした海外産のSAKEに対して日本の生産者の多くは「日本の米と水を使って、杜氏が造ってこその酒」という姿勢を崩さない。

一方で、近年の世界的SAKEブームで毎年、パリで品評会が開催されるようになったが、日本の生産者たちはそこで金賞をもらうと大よろこびで宣伝している。おかしなことだ。「SAKEは日本でしか造れない」というのなら、なぜ、フランス人が選定する賞をありがたがるのか。

そもそもカレーライスにしても、ラーメンにしても、〝母国〟を離れて日本で進化したものだ。フランスもワイン発祥の地ではないが、現在ではその価値観の中心に存在している。そのうちSAKEもフランスの戦略に取り込まれてしまうのではないか、というのは考えすぎだろうか。

結局のところ「メイド・イン・ジャパン神話」は、もはや神話というより妄想に近いのに、その殻に閉じこもって世界に向けたブランディングができていないのだ。

日本が受注したジャカルタの都市高速鉄道が大きな価値を生むためには、そして、今後の世界の鉄道ビジネスで日本が生き残っていくためには、「メイド・イン・ジャパン神話」を捨てて、もう一度「求められる技術」を考えてみる必要があるだろう。

今、周囲にある〝兆し〟に着目する

ここまでの話で強調しておきたいのは、まず、日本も技術力を正しい方向に向けることができれば、温水洗浄便座の成功例のように世界のマーケットで勝利することはまだまだ可能だということ。温水洗浄便座以外にも、ＳＵＳＨＩブームで米食文化が海外にも拡大している状況で、日本の炊飯器も成功を収めているが、これも「ごはんを美味しく炊く」というところに技術力をフォーカスした結果だろう。

しかし同時に、その肝心の「技術の向かう先」を正確に捉えられなかったケースも多い。そんなことを指摘してきたが、ここであらためて、もう一度、列車に乗って目的地に向かうときの移動時間は劇的に変化したが、その変化は鉄道のテクノロジー進化によってもたらされたものではないことを確認しておきたい。移動時間の質を変化させたのは、ＩＴや通信の技術革新だ。

利用者それぞれの移動時間が質的に変化したことによって、列車の客席には「電源コンセントの設置」という需要が生まれたはずだ。新たな需要の誕生は、ビジネスの世界では創世記に等しい。そして、この新たな需要は、列車そのものをいくら速く、安全に走らせようと技術を追求したところで生まれてこなかった。従来は「まったく異なる分野」と思われていた業界の技術革新が、客席の風景を新たなものに変えてしまったという事実は、ビジネスシーンで新たなチャンスを見つけようというのなら肝に銘じておくべきだろう。

たまに、東京で山手線などに乗ると、アタッシェケースなどの手提げカバンを持ったビジネスマンが激減したことに気づく。その代わりに増えたのが、リュックのように背負うタイプのバッグだ。ビジネスシーンにも対応できるデザインのものも増えている。また、女性でもブランドものの可愛いリュックタイプのバッグを利用する人が確実に増えている。

これも、今日の視点で考えれば「スマホの普及で、その操作のために両手を自由にしておきたいから」というユーザーの心理が明確だが、スマホというツールが登場し、それが普及し始めた時点でリュック型のバッグが市場でシェアを拡大することを予想できた人は、どれだけいただろう。私もそんなことは考えもしなかったが、現在では1点から全体を、全体から1点をといった具合に視野を拡大・縮小しながら「このテクノロジーが、異業種で花開くとしたら、それはどこだ?」と常に考えるようにしている。

結局のところ、新たな需要が生まれる背景には必ず、人間が過ごすそれぞれの時間の変化があるのだろう。IT技術の進歩が移動時間の質を変化させ、列車の客席にコンセントの需要を生んだ。さらにいえば、美顔器のような商品を開発して、女性一般の1日24時間のなかから「美顔器を使う時間」を5分でも奪うことができれば、その時点でその商品は確実な成功を収めたといえるだろう。

あなたが今、列車に乗っていなくても、どこかのビジネスホテルの一室でベッドに寝そべっていたとしても、自分の周囲を見渡してみよう。そして、100年後にそこにいる人物が自分とどのように異なるかを想像してみよう。無駄なもの、新たに必要となるものが見えてくるに違いない。

その時間のために、なにが必要になるか

時間という観点で、もう少し、マーケットを分析してみよう。

この章の冒頭で「到着時刻は未来」と書いたが、それは正確ではない。通信手段が限られ移動時間が〝死んだ時間〟だった時代には、特に商用で移動しているエグゼクティブならば、到着後に通信上の〝時差〟を埋めるための作業が必要だったに違いない。

たとえば、昭和の頃ならば目的駅のプラットフォームに降りると、現地の秘書が待っていて、

「社長、○時××分に△△様からお電話で『至急、連絡されたし』とのことでした」

などと報告してきた。

これが〝時差〟を埋めるための作業だが、その手間が省略できるようになったことで新たなニーズも生まれてくるはずだ。たとえば、目的地に到着するまでの移動時間もインタ

ーネットが利用できるようになったことで、鉄道の利用者は車内でも日常と変わらぬ作業を続けるようになっている。弁当を開く暇もないかもしれない。通信手段の発達で到着後の15分が省略できるのなら、その時間内でどんな需要を喚起できるかが、新たなビジネスを発想する際に重視すべきポイントなのだ。

美顔器を例に新たな時間を作り出すことがビジネスの成功につながることは述べた通りだが、逆に「失われた時間を補う」という発想でも新たなビジネスチャンスは発見できる。わかりやすい成功例は、スーパーやコンビニでの惣菜需要の拡大だろう。家庭を持つ女性の就労率上昇で、専業主婦と同じような「調理の時間」を確保するのが難しくなった。その失われた時間を補う形で、スーパーやコンビニでの惣菜需要は拡大していったのだ。

「時間」という新たな発想の軸を手に入れれば、日常生活のあらゆるシーンから新たなビジネスのヒントが得られるはずだ。そして、なぜ時間という視点が大事かといえば、1日を26時間にすることはできないからだ。限界が明確だからこそ、時間を奪う、奪われた時間を補うという発想で、確実に新たなマーケットを創り出していくことも可能となるのだ。

「WIN-WIN」の枠外に目を向ける

「WIN‐WIN」という言葉も、この10年、グローバル・スタンダードという概念の普及と足並みを揃えるようにして、ビジネスシーンでも一気に使用頻度が増してきた。実際に、このふたつの言葉、概念には相関性があるに違いない。

「WIN‐WIN」という言葉で表現される互恵関係は、決して古いモデルではない。こんな言葉が生まれる以前から、新たなパートナーと協力関係を結ぶ際に大多数の人が望んでいたことだろう。しかし同時に、それは理想であって「そんなに上手くいくことは稀《まれ》だ」という本音も大多数の人たちの胸の奥にあった。だから、「WIN‐WIN」という言葉はきれいごとに思われ、口にするのが憚《はばか》られる傾向があったのではないか。

それが、臆面もなく使われるようになった。じつは、「WIN‐WIN」という言葉で表される関係をビジネスシーンで見つけるのは、それほど難しいことではない。実際にはその前後や周辺にも複雑な経済的つながりがあったとしても、「WIN‐WIN」の関係になっている部分だけを切り取ってしまえばいいのだ。逆にいえば、「WIN‐WIN」以外の関係は枠の外に置いて考えるということ。つまり、グローバル・スタンダードの内と外という具合に、現実の世界を都合よく切り取っているということだ。

たとえば、ロシアから侵攻されているウクライナに米国が武器の供与などを通じて協力し、ウクライナと米国が「WIN－WIN」の関係を築くことは可能だろう。しかし、その関係が成立するにはロシアがひとり負けすることが必要になるが、この「ロシアのひとり負け」はグローバルという枠組みの外の出来事として捉えられているのだ。

こうして、グローバル・スタンダードという概念は現実の世界を切り取っているわけだが、その外側の世界も確実に存在しているということを忘れてはいけないだろう。中国の「南南協力」から学ぶべき点があるとすれば、やはりグローバル・スタンダードの外側に目を向けていた点に尽きるのだ。

グローバル・スタンダードという概念が多くのビジネスマンの目を曇らせているのなら、その外側には間違いなくビジネスチャンスが眠っている。仮に、ウクライナの戦争が「ロシアのひとり負け」という結果に終われば、その後のロシアでどんな経済的ニーズが生まれてくるのか。正しい方向に想像力を働かせれば、ここでも「WIN－WIN」の関係を構築することは可能なのだ。

資本の巨大化で中小企業のビジネスチャンスは拡大している

画用紙に円形をいくつも描いていく。円が重ならないようにすれば、画用紙の大きさは決まっているから描ける円の数には限界がある。さらに、ひとつひとつの円が大きくなれば当然、描ける数は少なくなる。ひとつひとつの円を企業にたとえれば、今、世界で起きているのも、こんな現象だ。資本は、それぞれの生き残りのために統合を繰り返し、巨大化していく。対抗する勢力も、必要に迫られて巨大化が進むという図式だ。

この円の大きさにだけ注目していたのでは、巨大資本を眼前にして怯《ひる》んでしまう経営者もいるかもしれない。しかし、巨大資本に巨大さで対抗できないのなら、着目すべきは、巨大な円と円の狭間だ。いうまでもなく、それぞれの円が巨大化すれば、狭間も巨大化する。その狭間に、ビジネスチャンスを見出すべきだ。

列車の座席に備えられるようになったコンセントも、狭間に生まれた需要といえるだろう。企業が大きくなっていけば、かつては社内でおこなっていた作業も外注するようになるのは、どこにでも起きる現象。その鉄道の建設プロジェクトを請け負ったのが中国中車（CRRC）だとしても、座席のコンセント設置は外注するのではないか。

アフリカでの鉄道プロジェクト受注では、もはや日本もヨーロッパも中国には勝てないとしても悲観する必要はないということだ。ただし、生き残るためには、自分たちの技術力を向ける べき新たな需要を見つけ、ピンポイントで勝負する必要があるのだ。

グローバリズムの時代に「ローカル」が持つ可能性

「経済のグローバル化」も「経済のブロック化」も、従来の国単位の経済よりも大きな円ができるという点では変わりない。そして、まさにグローバリズムが生み出したといえる狭間で、グローバリズムと同時に拡大しているのが、じつはローカリズムだ。たとえば、スペインのカタルーニャやカナダのケベックには以前から独立運動が存在していたが、まるで経済のグローバル化と反比例するように各地の独立運動も加速していったのだ。

ハワイでも独立運動が活発化し、英国のスコットランドでも２０１４年に住民投票で独立を問うまでに運動が高まった。スコットランドの場合は、その後に英国がＥＵから脱退したこともあって、まさに経済のブロック化とそれに対する反発の過程で自分たちのアイデンティティという問題に突き当たったのだろう。

沖縄（琉球）にも独立を求める人たちがいるが、そこにも経済のグローバルな力学が大きく影響するはずだ。「沖縄県の経済は米軍基地に依存している」といわれてきたが、近年（コロナ禍以前）は中国からの観光客がもたらすインバウンド収入が、より大きなウェイトを占めるようになっている。沖縄経済の米軍基地への依存度は１９７２年の本土復帰直後の15・5％から２０１６年には５・３％にまで減少している。沖縄県の16年の県内総生産（名目）は約4・3兆円だから、米軍基地への依存は2300億円未満だ。一方で、同県の観光収入はコロナ禍以前には7000億円を突破していた。そして、観光客の多くは中国からやって来るのだ。

沖縄が日本の一部である限り、日本の同盟国である米国が中国との関係を悪化させた場合の影響は避けられない。独立運動というのは民族のアイデンティティが問われる場面だが、グローバルな政治の影響を避けるためにもローカルな独立運動が活発化しているのだ。

ここ数年、東京では「シチリア料理」という看板を掲げるレストランが増えてきた。イタリア料理ではなく、シチリア料理なのだ。そもそも同じイタリアでもミラノではオムレツといえばバターで焼くが、ナポリではオリーブオイルを使う。イタリア映画の古典『ひまわり』も、マルチェロ・マストロヤンニ演じるミラノ出身の夫と、ソフィア・ローレン演じるナポリ出身の妻が、新婚旅行先でオムレツを焼こうとしてもめるシーンからスタートする。つまり、イタリア料理などというのは総称に過ぎなかったのだ。ハンバーガーも、「ハワイアン・バーガー」を掲げる店ができたと思ったら、最近ではさらに地域を限定した「ビッグアイランド（ハワイ島）」の看板も発見した。

日々、グローバリズムという言葉が飛び交っているが、ハンバーガーの世界では近々

「〇丁目×番地バーガー」が登場してもおかしくないだろう。そして「〇丁目×番地」という狭間にこそ、グローバリズムの時代のビジネスチャンスが隠されているはずだ。

コラム　旅の必携グッズ

世界一周の旅には、いつも大きなトランク、機内持ち込みサイズのトランク、ビジネスバッグで出かけていきます。書類や着替えの他に私が必ず持っていくグッズについてお話しします。

健康管理編

普段、通っているジムで作ってもらっている**サプリメント**と市販されているビタミンや亜鉛などのサプリメント類はマストです。旅行中の健康維持はなによりも優先しています。行き先によって必要な予防接種は受けて行きますが、必ずしも衛生環境が万全な場所ばかりではないので健康に関して用心に越したことはありません。

できるだけ日本にいるときと同じ状態を保つことができるよう心がけている、ということになるかと思います。

サプリメントだけでなく、**プロテイン**も持ち歩いています。現地で会食がない日は、夕食をプロテインだけで済ませます。

出張の移動のペースに胃腸がついて来ていないなと思うことがしばしばあるのですが、胃腸が疲れているとどうしてもいい睡眠をとることができません。いい睡眠のためには胃腸をカラッポにして寝る。私の経験上、これが一番です。

睡眠に関連して入浴剤も必ず持って行きます。バスタブがある部屋にとまるときは、You haru（You have のダジャレ）

などといいながら、ぬるめのお湯につかります。副交感神経が刺激されるのか、いい睡眠をとることができます。

飛行機の移動のせいでずっと座ったままの時間が長いため、体をほぐしたくなります。お風呂も効果がありますが、**マッサージローラー**を持参します。空港で「これなんだ？」と引っかかることもありますが、説明すれば大丈夫です（リチウム電池を使っているものは空港のカウンターで預けられない場合があるので、そこは注意が必要です）。

体を動かしたいので、**トレーニングシューズ**も持っていきます。朝、運動をすると体のエンジンがかかってきますから、トレーニングシューズを履いてランニングやウォーキングをするようにしています。

リラックス編

コーヒーです。コーヒーが大好きで、おいしいコーヒーがないと落ち着かないので、現地においしいのがないときのために持参します。いつも飲んでいるお気に入りのコーヒーを、ホテルでお湯をもらってドリップします。

本も旅に欠かせません。普段はあまり本を読む時間がないのですが、2、3週間の旅であれば8~10冊は持って行って、読んでしまいます。国際問題を扱ったノンフィクションや小説が中心ですね。情報には、やはり本からしか得られないものがあります。本で読んだことから発想が広がっていくのはしばしばです。今は飛行機の中でもネット環境が整っているのでパソコンに向かっているときもありますが、飛行機での移動の時間は貴重な読書のための時間です。

もうひとつ、趣味のグッズと言っていいのかもしれませんが、**カメラ**です。花を扱う「世界の花屋」やオイルやルームスプレーを扱っている「UPEPO（ウペポ）」のサイトやSNSに掲載する写真なども、以前はスマホで撮っていたのですが、趣味が高じて（笑）ライカQを購入して、このところはライカで撮った写真をアップしています。自分の満足度が高いものを提供できてこそ、仕事のクオリティも上がると考えています。

参照／旅するビジネスマン 小林邦宏チャンネル

第5章　会社を辞めて見つけた自分のスタンダード

フリーゲージで世界をつなぐ

私は東京大学を卒業後、住友商事に就職したが、5年で退職した。振り返ってみれば、私は、この時点で自分の人生のレールを広軌からフリーゲージにリセットしたのだ。

すでに述べた通り、広軌のメリットは直進安定性。財閥系の企業に就職し、定年まで勤める人生は、まさに広軌の人生だろう。また、広軌の企業ならば、インフラ開発などの大型プロジェクトの受注レースでもアドバンテージがあると考えるのも普通のことだろう。しかし、広軌であることのアドバンテージは、より広軌のライバルをまえにすれば完全に価値を失ってしまうのだ。

それは、ここまですでに述べてきたように、現在のアフリカにおける鉄道ビジネスで日本が中国に勝てなくなっていることの理由でもある。私が住友商事に就職した2001年には、まだ世界的には中国資本の進出は散発的だったが、当時、すでに日本の商社が海外のコンペティションで以前のように勝てなくなっていたのは事実だ。そして、今後は中国の台頭でさらに厳しくなることが予想された。

もちろん、会社を辞めた理由は、ほかにもある。退社後もつきあいのある元同僚、特に人を見る目のある女性たちからは、会うと「小林君は、そもそもサラリーマンに向いていていなかったのよ」といわれる。考えてみれば、卒業した東京大学も広軌のレールだ。私が大学を卒業した当時、日本の社会は「就職氷河期」にあったが、東大生にとっては氷河期も黄金期もほとんど関係ないのが就職戦線における実態だ。そして、その広軌のレールに沿って財閥系企業に就職したのに、わずか5年で辞めるのだから、やはり向いていなかったのは事実だろう。

ただ、日本人である自分が、中国経済のさらなる台頭が確実な今後の世界で生き残っていくために「広軌よりも狭軌だ」と考えたのも事実だ。そして、その後の人生は、世界各地の〝隙間〟をフリーゲージで走り回りながら生きてきた。

狭軌の利点は旋回性、つまり小回りが利くことだ。大資本と大資本の狭間でビジネスを展開して生きていくのなら、広軌よりも狭軌。そう考えたことは間違いではなかったと、今では確信している。

独立するなら、早いほどいい

入社から5年で会社を辞めた、もうひとつの理由は「独立するなら、早いほどいい」と考えたからだ。「もう少し、大手で経験を積んでから」「大手の社員として、もう少し人脈を拡げてから」という考え方も可能かもしれないが、私は「独立して（フリーランスの商社マンとして）やっていくなら、早くスタートしたほうがいい」と考えたのだ。実際に、大手サラリーマン時代に築いた人脈は、独立した途端にほとんどが絶えてしまった。

独立して狭軌のレールを走り始めるのなら、自分をブランド化して、その価値を高めなければ、高い利益は得られない。そして、そのブランド価値を高めるための時間は、それほど潤沢にあるわけではない。大手企業なら「細く長くの事業を大切に」と構えることも可能だが、こちらは個人経営の商社だ。そんな悠長なことは、いっていられない。私個人が働けるのも、限られた年数だ。つまり、自分が残りの人生を賭けて手がける事業全体をより大きく濃密なものにしたければ、できるだけ早く自分のブランド価値を高める必要があったのだ。

この本で、ここまで紹介してきた「太く短く」の価値観を、私自身も実践してきたといえる。だから、たとえば、私のように世界中を旅するビジネスを始めたいと思って相談に来た人が「語学はこれからマスターする」といったとしたら、私は「そんな時間的余裕はない」というだろう。私自身の語学も、自分のビジネスで不足ない程度のものだが「これから語学を勉強して、それから」というのでは、明らかに遅すぎる。

これも、この本で繰り返し述べてきたことだが、時間というものを、どのように多様な角度から捉えられるかがビジネスチャンスを発見するヒントにもなるのだ。語学の勉強のために時間を割くというのは、時間の捉え方として貧相というか、考え方が甘いのだ。

いずれにしても、短い時間で大資本の隙間を駆け巡るようにして稼ぐ人生を、私は選択したということだ。一瞬の判断ミスが致命傷となる可能性も高い。ただし、「しまった！」と思えば急旋回して危機を回避したり、損失を最小限に抑えることもできる。また、Aという商材に興味を持って現地を訪れたものの、現地でAよりも興味深いBを発見したという場合も、都合よく目的を変更することが可能だ。

そんなジェットコースターのような急転と疾走を繰り返しながら、実際に私が考えたこと、そして実践してきたノウハウを最後に紹介したいと思う。

自分の価値を高めるための「情報」と「人脈」

「自分のブランド価値を高めることが必要だ」といったが、そのためには具体的になにが必要か。それを考えるまえに、まず高めようとする価値は、うまく歯車が嚙み合えば無限といっていいほど加速度的に増大することを覚えておくべきだろう。それは、おカネのあるところに、さらにおカネが集まり資本が自己増殖していくのと似ている。たとえば、情報は間違いなくあなたの価値を高めてくれるが、情報を持っているあなたのところには、さらに多くの貴重な情報が集まってくるようになる。これは、当然のことのように思えるが、本当にそう考えているなら、日々の情報収集をもっと真剣におこなうべきだろう。

私は、たとえば新聞の国際面に目を通すときには、1段組の本当に数行で終わってしまうような短い記事を注意深く考えながら読むようにしている。たとえば「中国が、中東の○○国と××で合意した」というだけの短い記事。しかも、記事中の「××」は、別に世界が注目するホットイシューというわけではない。しかし、こういう記事を「なぜ、わざわざ報じられているのか?」という視点で読み解こうとすることは、発想を多元化する上で大いに役立つはずだ。

わざわざ報じられている理由は、この時点で書けることは数行程度しかないが、それでも報じる価値のあるニュースだからだ。つまり、まだ書かれていない部分に、自分が持っている情報と想像力で迫っていくことは、発想の自由な展開力を養っていくのだ(ただし、せっかく記事の背景を考えても、その後の展開がないことも多々ある)。

そして、本当にレアな情報をもたらしてくれるのは、なんといっても自分だけの親密な人脈だ。

人脈が情報をもたらし、情報はさらなる情報をもたらす。問題は「人脈を得るためには、なにが必要か？」だ。

ビジネスシーンにおける「幸運」と「信用」

ビジネスシーンで成功するには運も必要と、よくいわれる。たしかに、そうかもしれないが、別にビジネスの現場で「ロケット弾に当たらない幸運」は必要ないだろう。ビジネスシーンで運が必要ならば、その幸運は必ず人脈の延長線上にあるはずだ。

では、人脈を得るために、なにが必要か。「信用」である。

ただし、信用という言葉の意味を、もう一度、考えてみる必要がある。少なくとも私の場合は、それまで勤めていた大企業を辞めて、その社名が持っている信用はまったく利用できなくなった。当然、自分に信用はあるのか、信用とはなにかと問い直す必要に迫られた。

信用というのは、おカネと似ている。いや、同じといってもいいかもしれない。つまり、それを用いようとする人がいても、それを受けつける人がいなければ価値を持たないのである。いい方を換えれば、こういうことだ。ロレックスの腕時計をつけていることこそが信用の証と考えている男がいたとしよう。「無学な成り上がり者が考えそうな、貧相な価値観だ」と取り合わない人も多いかもしれない。しかし、仮に「ロレックスの腕時計をつけてる人間以外は信用しない」と考えている人（実際にいるかもしれない）が相手ならば、ロレックスの腕時計は最強の信用として価値を持つのだ。

逆に「私は東大卒だ！」といってみたところで、相手がトーダイを知らなければ（世界ではこっちが圧倒的多数）、なんの信用も得られない。当然のことだ。信用の形は、相手がなにを信用するかによって姿を変えるということ。

つまり、ニーズに応じてプレゼンテーションの方法を変える必要があるわけだが、その際に重要になるのは「信用の信用」だ。ニーズごとの信用の土台となる自分自身の人格が、どれだけ揺らぎないものかが問われることになるのだ。

また、ビジネスシーンで求められる信用とは、結局のところ相互の利用価値だと考えることもできる。ビジネスシーンで、なんの利用価値も認められない相手を信用するということは意味を成さない。利用価値があると信じるからこそ、相手にその分だけ信用を与えて便宜を図るのだ。

ビジネスシーンにおける信用があなたの利用価値にほかならないのなら、その利用価値にとことんこだわるべきだ。大資本をバックにしているのなら、時間をかけて、相手との会話や食事を通じて信用を醸成していくことも可能だろうが、個人経営の商社マンにそんな時間的余裕はない。

ズバリと自分の利用価値を相手にアピールする。

これこそが、ゲージを替えながら世界を駆け巡るビジネスで信用を得るための唯一の方法だ。

「できる」ではなく「しない」で守る信用

大資本ではない狭軌のビジネスならば、信用の示し方だけでなく、守り方も心得ておくべきだろう。

たとえば、私も財閥系商社で働いていた当時なら、インフラ開発などの大きな案件で相手国の重要人物を日本に招待するとなれば、各方面に入念な根回しをした上で、相当に派手な接待を用意することが可能だった。つまり「こんなことができる」という信用の示し方。そして、その信用が揺らぎそうになったときも「まだまだ、こんなことだってできるから」と、さらに自分ができることを示して信用を守ることも可能だったはずだ。

しかし、個人経営ではいつも分相応でいることが重要だ。「できる」という点においては、大資本と比較されたのでは信用を示すことも守ることもできない。それが現実だ。ならば、自分の信用のためにできることはなにか。私は、次のことを実践している。

それは、まず、どうしてもリスペクトできないパートナーとは組まないということ。また、どんなに大きな利益が目のまえにあっても、自分のポリシーや倫理観に照らして「受け入れられない」と判断した案件には決して手を出さないということ。甚大な環境破壊や人道上の問題を引き起こす可能性がある案件に手を出さないのはもちろん、それ以外にも自分なりのポリシーを設けてもいい。ただし、それは一貫していなければならない。

「これは、しません」という態度を示すことで、失われる利益は当然あるだろう。しかし、そもそも、こちらは小資本。失われるものも小さい。そして、その一方で「これは、しません」という態度は、確実にあなたの信用につながる。そして、そうやって守られた信用のほうが、ポリシーに反して得た利益よりも大きな価値を持つというのは、めずらしい話ではない。

もちろん、なにを「しない」かを決めるのは、あなただ。あなたの信用とは、そういうものだ。特に、私たちが普段、スタンダードと信じているものが通用しない世界でビジネスをしようというのなら、信用を得るために自分以外のなにかを利用しようとするのは無意味だし、やめたほうがいい。

あなたの信用は、自分でデザインできる。ただし、その信用は、誰も信じてくれなければ無価値になる。それだけのことだ。

コラム　一人旅でぜひ行っていただきたい場所

コロナ後の世界が動き始めました。これまでに110~120の国と地域を旅してきた私から、いつか行っていただきたい、できればひとり旅で行っていただきたい世界の5つの場所をご紹介します。旅行は行く先々で発見があり、五感が刺激を受けることで、新しいモチベーションが生まれたりします。やはり、人生にも仕事にも大いに意味のあるツールだなと思っています。

ナミブ砂漠（ナミビア）　ナミビアはアフリカ南西部の国です。南アフリカのヨハネスブルクなどから飛行機で首都ウィントフックに飛びます。そこから大西洋側のスワコプムントに移動します。

私はスワコプムントのホテルのツアーに参加して、バギーで砂漠を駆け抜けました。世界にこんな場所があるのかと感動しました。私自身、砂漠好きで、サハラ砂漠やアラビア砂漠に行ったこともあります。ナミブ砂漠の砂は鉄分が多いせいで赤いのも、非常に美しいです。

パタゴニア（チリ） 水産関連のビジネスで南米チリには何度も行っています。パタゴニアは「風の大地」と呼ばれ、チリとアルゼンチンにまたがる地域、世界自然遺産にも指定されていて、世界の山好き、アウトドア好き憧れのスポットです。チリ中央部の首都サンチャゴから南部のプンタアレーナス行きの飛行機に乗ります。約3000kmの移動です。可能であれば、進行方向右側、窓際の座席を予約してください（帰りの便なら左側）。窓から見えてくるのは氷河です。これもまた、「こんなところがあるのか」という感動です。

ホニングスヴォーグ（ノルウェー） 白夜をぜひ体験してください。北欧ノルウェーの首都オスロから北部のトロムソに移動し、そこからプロペラ機でホニングスヴォーグに。もう北極圏です。北欧の他の場所で白夜は体験していますが、ホニングスヴォーグはとりわけ明るい印象です。タラバガニやジビエ類といった、オスロとはまた違った食文化を楽しむことができるのも魅力です。

ピラミッド（エジプト） カイロの郊外にあります。歴史の教科書などで馴染みにある場所ではありますが、実際に訪れるとタイムスリップした感覚になります。人類の英知を感じずにはいられません。人生で一度は行っていただきたい場所です。

ナイル川沿いもぜひドライブしていただきたい。オイルの買い付けなどでエジプトに行ったときに気づいたのですが、ゼラニウムはこの場所といったように、ピンポイントで育つ植物が違っています。自然についても考えさせてくれる場所です。

シーギリヤ・ロック（スリランカ）　スリランカの建築家ジェフリー・バワの作品が好きで、コロンボからクルマで3、4時間のダンブッラという町にあるホテル、ヘリタンス カンダラマに泊まってみたいと思っていました。森の中にあるホテルで、森と共生していると感じのすばらしいホテルです。そのホテルの人に「シーギリヤ・ロックを見てくれれば」とすすめられました。

5世紀に巨大な岩（高さ約180m）の上に建てられた王様の宮殿です。上まで登りましたが、なかなかハードでした（笑）。

上から見渡すと、周囲の開発がそれほど進んでいないこともあって、5世紀に王様たちが見ていた景色と大して違わないのではないかと思えてきます。

ピラミッドよりもタイムスリップ感が得られるかもしれません。

参照／旅するビジネスマン 小林邦宏チャンネル

おわりに

さる2022年4月、ロンドン・ヒースロー空港に降り立った。

約2年ぶりの世界一周の旅である。

その模様は、私のYouTubeチャンネルでもご紹介しているので、ご覧になられた読者の方もいらっしゃるかもしれない。


ちなみにその前は2020年の2月。

ちょうど新型コロナウイルスが蔓延し始めた頃である。

タクシーの後部座席に座る私が多少風邪気味で軽く咳をしたとき、運転手さんから、

「サー、どこからロンドンへ来られましたか？」

と訊かれたことは今でも印象に残っている。要は、日本人も中国人も区別のつかない彼

から、私が中国から新型コロナウイルスを持ち込んだという疑いを抱いての質問だ。

「私は南米からこちらに来た。国籍は日本だよ」

「ああ、そうでしたか。失礼」

そんな言葉を交わしながら曇り空のロンドンを車窓から眺めていた。


新型コロナの世界的な流行から2年あまり。

乗り継ぎも兼ねて滞在したロンドンの街。

遠く日本から15時間ものフライトの末に辿り着いた私は、何か違う惑星の景色を眺めているような違和感に包まれた。


誰もマスクをしていないじゃないか……。

2022年1月、欧米諸国の中では先陣を切って
〝通常に戻す〟
と宣言したボリス・ジョンソン政権。それ以来数カ月が経ったそのとき、すでに〝ノー

マスク〟の生活にも慣れ、通常を取り戻したロンドンの景色があったのだ。

翌日は、ロンドン・パディントン駅からヒースロー・エクスプレスに乗ってロンドン・ヒースロー空港へ。ちょうど、本著を書き上げていた時期である。

当然ながら、車内のような密閉空間でも誰もマスクなどしていない。

「鉄道ビジネスから世界を読む」という、この本のタイトルが頭をよぎる。

この世界の流れは非常に怖いぞ……。


動きは3月頃からあった。

アフリカ・ケニアでバラを買い付けている筆者であるが、長年のパートナーであるバラ農園のオーナーから苦情に近い電話があった。

「ミスター・コバヤシ、なんであなたの買い付け量はこんなに少ないんだ？」

「いや、日本はまだコロナ規制が明けなくて……」

「もう欧米のバイヤーは普通に買い付けているぞ。こんな調子では日本へは良いモノを廻すことはできないぞ」

皮肉でもあるが、この事実、そして、密閉空間でもマスク不要という、ロンドンの〝鉄道ビジネス〟から世界が読めた瞬間でもある。

筆者はその後、東欧ブルガリア、南米チリ、そしてアメリカとビジネスのアポイントをこなしながら駆け足で世界を一周し、日本へ戻った。

「旅するビジネスマン 小林邦宏チャンネル」と銘打った筆者のYouTubeチャンネルから、飛行機トラベラーとして筆者をご存じの方も少なからずいらっしゃるかもしれない。

実際、仕事上必要ということもあるが、我ながら、飛行機には異常に詳しい。

しかし、そんな筆者が鉄道に興味を持ったのは、今から6、7年前のケニアだっただろうか。

ケニアの首都ナイロビ郊外、アティ・リヴァー（Athi River）と呼ばれるエリアを移動していたときのことだ。

ふと、幹線道路に沿って建設されている高架橋が目に入った。

現地で長年、ドライバーを務めてくれる人間に訊いた。

「なんだあの高架橋は？ 高速道路？」

「違う。高速鉄道だ。ナイロビとモンバサを結ぶ」

これが、本文中にも出てくる、モンバサ・ナイロビ標準軌鉄道（通称SGR）を初めて見た瞬間だ。

確かに、建設中の高架橋の横には特にアフリカでよく見かける、中国内陸部の建設会社と思われる看板もある（一般的に、中国内陸部の企業が中国政府を代表してアフリカへ進出している）。でも、アフリカではこんな景色は日常である。当時はなんとも思わなかった。

そして数カ月後、再びアティ・リヴァーへ戻る。

ふと幹線道路から外の景色に目をやると、前回見かけた高架橋が無い。

再びドライバーに訊く。

「あの高架橋、どうしたの？」

「ああ、あれか。早速崩壊したよ。さすが、メイド・イン・チャイナだな。開通前に壊れたよ。ワハハ。でも、どうせまたすぐ造るだろうよ」

一般的に安全第一と考えられる鉄道網に対してすら、こののんびりとした雰囲気。

さすがアフリカだと思いつつ、ああ、鉄道とはいえ、国によって、求める価値は違うのだな……。

と感じたことは今でも忘れられない。そして、この感覚をさらに裏づける出来事が隣国エチオピアであった。

同国の首都アディスアベバに滞在していたときのこと。

まず、アディスアベバ郊外に張り巡らされた高速道路に驚く。

運転手が自慢気に言う。

「どうだい、俺たちの国にはチャイナマネーで既にこんな立派な高速道路があるんだぜ」

「いや、でも、中国でも既に路面がボコボコになっている高速道路をよく見かけるよ」

「アハハ、ボコボコになってもいいじゃないか。そもそも、俺たちには中国の借金を返済すらできないんだから」

その後、アディスアベバの中心部を移動していると、今度は開通したばかりの新都市交通システムが現れた。

ここはエチオピアだし、利用客ももちろんエチオピア人。

でも、この景色だけを切り取れば、ヨーロッパあたりのどこかの街とも言える景色である。

続けてドライバーがいう。

「この借金も返せないだろうよ。でもね、俺たちは道路や電車のおかげで本当にハッピーなんだ。中国には感謝してるよ」

この頃からだろうか。筆者の中にも、

〝スタンダードというのは異なるものだ〟

という気持ちがより芽生えるようになった。今でいうところの、〝ダイバーシティ〟と呼ばれるものだろう。

昨今、SDGs（持続可能な開発目標）をはじめとして、いろいろな分野で〝ダイバーシティ〟といった言葉を聞くようになった。

ところが、片やアフリカや南米等でこうした社会インフラビジネスを見ると、

〝スタンダードって、ダイバーシティってなんなのだろう〟

と思わずにはいられなくなった。

それを顕著に感じたのが、この鉄道ビジネスである。

日本企業が世界にてビッグディールを成約したとき、もしくは大きな活躍をしたとき、新聞等のメディアではよく取り上げられる。

それで、誤解が生まれる。

「日本のものは世界で求められているのだ」

と。自信を持っていえるが、それは違う。

報道されているようなビッグディールや海外ビジネスはごくわずかで、それと比べて一桁も二桁も上回るディールが中国系企業によってなされているということを。

そして、それは、現地で少なからず受け入れられているということを。

筆者はYouTubeチャンネルで、〝世界のリアルを知りたい〟という言葉をよく使うが、鉄道ビジネスこそ、〝世界のリアル〟を知る最適な切り口なのではないか、そう思い筆を取った次第である。

閑話休題。

話をロンドンでの時間に戻そう。

〝ノーマスク〟と同じくらい、いや、それ以上に衝撃を受けたことがあった。それは、ロンドンの物価の高さである。

ロンドンの中心部にある高級百貨店に店を構えるお花屋さん。

今から4年前、NHKのテレビ番組「世界はほしいモノにあふれてる」の撮影時にも訪れたお花屋さんの別店舗であるが、ここで売られているケニアのバラの単価に衝撃を受けた。

そう、非常に高価なのである。

でも、花屋の隅から様子を窺っていると、その価格をさも当然のごとくバラを手に取る消費者がたくさんいる。

2022年はロシア・ウクライナ問題に端を発し、急激な円安ドル高が進行した。数カ月前と比べれば2割近い円安である。当然、ケニアのバラの仕入れ価格も2割近く高騰することになるが、残念ながら、日本の卸売業界で聞かれる声は、

「そんな値段じゃ合わないよ。無理無理。なんとか我慢して頑張って」

というもの。

でも、現実にそんな価格帯がロンドンの花屋では通用しているのである。消費者が〝当たり前〟と捉えているのである。

この本を執筆中だった5月、日本国内でもいよいよ大幅な値上げラッシュが始まり、これに戸惑う報道が散見されるようになってきた。でも、報道の中で見過ごされている点がある。

もう、10～20年前とは違う。これまで以上に世界中のたくさんの人が日本と同様の需要傾向を持つのである。例えば、南米チリのウニもそう。

日本人がその価格を受け入れられないのであれば、お隣の中国などが買い付け、消費されるのみなのである。これが、アフターコロナのニューノーマルの姿ともいえる。

さあ、日本の物価はこの先どうなるのであろうか……。

鉄道ビジネスを見ていればわかる。

もはや、日本の高速新幹線ならどの国でも受け入れられるはずだといった妄想は通じない。つまり、日本に〝ガラパゴス〟で生き延びる術はない。

世界の〝新しいスタンダード〟に合わせていくしかないのである。

それは、この20年、30年の日本の経済界という尺度でみれば、大激震ともいえるものだ。でも、常日頃からいわれていることだが、〝変化はチャンス〟である。

一人の「旅するビジネスマン」としては、この先にどんなチャンスが生まれてくるのか、ポジティブにワクワクしている次第だ。

実際、ドル高円安という局面は、日本へ商品・サービスを輸入するという観点では極めて頭の痛い話だが、日本から世界へ商品・サービスを輸出するという観点では極めてチャンスだ。

前述のロンドンを見ればわかる（ご興味あれば、ぜひ筆者のYouTubeチャンネルでその模様もご覧ください）。今、あらゆるものに消費旺盛な街がそこにあった。ロンドンだけではない。アメリカもしかり。大谷翔平選手の活躍するメジャーリーグの中継を見れば、そこにはノーマスクで大騒ぎする観客の姿が映っているだろう。

こんな、すでにアフターコロナが進行する世界へ打って出ればよいだけのことである。

実際、ありがたいことに、日本の企業から、〝旅するビジネスマン〟の異名を持つ筆者へそんな相談をいただくことも増えてきた今日この頃だ。

大切なことは、未来を先読みできるかどうか、だ。

ぜひ、本書を通じて鉄道ビジネスに興味を持っていただき、先読みするスキルを磨いて頂ければこの上なく幸いである。

そして、去る4月の世界一周の旅、やはり、ロシア・ウクライナ問題に触れないわけにはいかないだろう。本書が発売されている2022年8月、この問題はどんな形になっているのだろうか。

筆者は、イギリス・ロンドンに滞在の後、黒海に面するブルガリア第三の都市、ヴァルナへ向かった。黒海にはコンビニのおつまみコーナーでも見かけるようになったアカニシ貝という貝類が生息しており、筆者は日本を代表するバイヤーでもある。

他方、黒海は、報道の通り、ロシア軍・ウクライナ軍が衝突しているエリアでもある。

実際に現地でブルガリアの漁業関係者の皆さんにお会いすると、意外な声が聞こえてきた。それは、ウクライナに対する批判である。確かに、軍事活動を仕掛けたロシアは悪い。だが、その機に乗じてウクライナも〝それなり〟の活動をしており、それは、隣国であるルーマニアやここブルガリアの水産業に甚大なるダメージを与えているということである。

筆者も、現地でこの事実を知り衝撃を受けた。

この文章を執筆している今も、ロシア・ウクライナ問題、ひいては黒海における情勢は日々現地とやり取りしながら事態を見守っている状況だ。

ここにも、やはり、鉄道ビジネス同様の教訓がある。それは、〝物事は角度を変えると見え方がまったく異なる〟ということだ。

念のため申し上げるが、私はここでロシアが悪い、ウクライナが悪いなどと申し上げるつもりはない。ただ、訴えたいのは、事実は一言で片づけられるほど簡単なことではないということだ。そして、ビジネスマンとして肝に銘じていることは、冷静かつ客観的にこの事実を眺めるよう努めることだ。

実際、数日前、コーカサス山脈の国アゼルバイジャンから連絡が来た。アゼルバイジャンの山中にはオランダの最先端技術で設計されたバラ農園がある。天然ガス等の資源大国であるアゼルバイジャンは、ここ数年、〝脱資源〟を掲げ、国家ファンド等がさまざまな新規事業に投資している。バラ農園もそんな事業のひとつだ。

「ロシアからの注文がすごいよ」

アゼルバイジャンのバラ農園の生産者は私にそう言った。

メディアの報道だけを真に受けていたら、

〝そんなバカな……〟

と思うだろう。でも、繰り返しになるが、あらためてブルガリアで〝冷静に事実を眺める〟ことの大切さを実感した筆者はこう感じたのだ。

やっぱりね、まあそうなるよね……と。

2014年、ロシアがクリミア半島に軍事侵攻し、欧米は経済制裁という〝壁〟を築いた。この動き自体は必ずしも間違っていないだろう。でも、かつての冷戦時代と今は大きな違いがある。それは、

〝玄関はたくさんある〟ということだ。

実際、当時のロシア・モスクワの大手スーパーマーケットで見た景色は今でも印象に残

っている。エジプトをはじめとする北アフリカ産、さらにはなんとシリア産の青果物が所狭しと店頭に並んでいたのである。

もちろん、品質面は西欧産の一級品には劣るのかもしれない。でも、充分すぎるくらいにロシア経済は廻るのである。

なぜか？　先述の通り、玄関はひとつではないからだ。今では、トルコ・イスタンブールやアラブ首長国連邦（ＵＡＥ）・ドバイなど、さまざまなルートで世界は繋がっているのである。実際、去る３月の今回のロシアによるウクライナ軍事作戦に関する国連安全保障理事会の非難決議案に対しても、ＵＡＥが棄権したことは衝撃と共に報じられた。

アゼルバイジャンのバラの話に戻ろう。

ロシアといえば、世界でもっともバラを愛する国といっても過言ではない場所だ。実際、モスクワには至るところにバラが並んでいる。

レストランなどでも男性が女性にバラをプレゼントする光景は普通に見かけるし、そんな様子を見ると、ウェイターがテーブルにさっと花瓶を置き、そこにバラを挿す。

オンラインショップ「世界の花屋」の花バイヤーでもある筆者としては、ただただ羨ましいくらいに成熟したバラ文化がある国、それがロシアだ。

そんなロシアが、これまでオランダ・アムステルダムなどを経由していたバラの入荷が止まったとき、それは大いに困る。そこで白羽の矢が立っているのが旧ＣＩＳの国でもあるアゼルバイジャンだ。アゼルバイジャンで育ったバラは、ケニアや南米コロンビア・エクアドルのバラと比べれば小ぶりだ。でも、なんといっても、アゼルバイジャンの首都バクーからロシア・モスクワまでは飛行機で２、３時間の距離だ。鮮度という意味では競合国と充分に張り合えるものがある。

さらに、お花に関しては本書で再三取り上げた中国もいる。

ロシアにも比較的近いともいえる、中国雲南省の昆明は世界でもトップクラスの切り花産地であり世界でもトップ３に入る切り花市場がある。残念ながら筆者に情報は入っていないが、きっと、雲南省からもたくさんのお花がロシアへ送られていることだろう。

ここまで話せばお分かりであろう。

筆者は〝多次元的〟という言葉を多用するが、世界は、ここを経済制裁すればすべて止まる、といった二次元的なシンプルなものではないのだ。

そして、この〝多次元的〟な視点を持っているかどうかで、目の前にあるビジネスチャンスを生かせるかどうかが決まってくるのである。

でも、読者の皆さんが心配することはまったくない。私が世界中を旅していて、日本ほど、この〝多次元的〟な視点に欠けているビジネス世界はないのである。つまり、誰もがこれからスタートラインに立つ状況だ。

本書はその最良の例として鉄道ビジネスを取り上げたが、ぜひ、これをきっかけにそんな視点を培って頂ければ幸甚である。

最後になりますが、本書の執筆にあたり、ジャストプロ関係者の皆様、ライターの田中茂朗氏、集英社インターナショナルの近藤邦雄氏に大変お世話になりました。

2022年、新型コロナウイルスに端を発した各国の水際対策は大いに緩和され、普通に旅ができる日々が戻ってきた。ニューノーマル・物価高・軍事紛争など、世界は、そして日本は〝未体験ゾーン〟ともいえる局面に入ってきている。

でも、誰しもが〝未体験ゾーン〟である。
少しでも早くチャレンジした者が勝利を得る。

この本が刊行されるのは、日本、欧州、アフリカ、北米と回った世界一周からちょうど戻って来た頃だ。そして、きっと次の世界一周の旅の案を練っていることだろう。
本書を参考に、〝海外ビジネスに強い日本企業〟が増えることを願ってやまない今日この頃である。

2022年7月　ヨーロッパに向かう機上にて　小林邦宏

小林邦宏《こばやし くにひろ》

旅するビジネスマン、ユーチューバー。二〇〇一年、東京大学卒業後、住友商事株式会社入社。情報産業部門に配属されるも、世界中を旅しながら仕事をするという夢を実現するため、二八歳で自ら商社を起業し、花、水産物、プラスチックなどの卸売りを開始。「大手と同じことをやっていては生き残れない」という考えのもと、南米、アフリカ、東欧、中近東などに赴き、知られていないニッチな商材を見つけ、ビジネスを展開。著書に『なぜ僕は「ケニアのバラ」を輸入したのか?』(幻冬舎)。

インターナショナル新書一〇六

鉄道《てつどう》ビジネスから世界《せかい》を読《よ》む

二〇二二年八月一〇日　第一刷発行

著　者　小林邦宏《こばやしくにひろ》
発行者　岩瀬　朗
発行所　株式会社 集英社インターナショナル
〒一〇一-〇〇六四　東京都千代田区神田猿楽町一-五-一八
電話　〇三-五二一一-二六三〇
発売所　株式会社 集英社
〒一〇一-八〇五〇　東京都千代田区一ツ橋二-五-一〇
電話　〇三-三二三〇-六〇八〇(読者係)
〇三-三二三〇-六三九三(販売部)書店専用
装　幀　アルビレオ
印刷所　大日本印刷株式会社
製本所　大日本印刷株式会社

　ISBN978-4-7976-8106-2　C0234

インターナショナル新書

062
プロデュースの基本
木﨑賢治

沢田研二から、BUMP OF CHICKENまで手がけた名音楽プロデューサーが伝授する、目から鱗、すぐに役立つあらゆる職種に応用自在の仕事術！糸井重里さんが百冊以上買って、社内で配った名著。

090
ヒット曲のリズムの秘密
ドクター・キャピタル

歌は世につれ、世は歌につれ——普段テレビや街中で耳にするあの曲を、アメリカ人音楽博士が本気で解説。J-POPのヒット曲が持つ「リズムの秘密」を徹底的に考察しながら、日本の大衆音楽を丸裸にする。

105
「プランB」の教科書
尾崎弘之

激変する現代において、企業や国家の浮沈を決める鍵となるのは有効な「次の一手」を出せるかどうかだ！日本企業が陥りがちな「集団思考」を抜け出して有効なプランBを発動させるためのヒントを満載した一冊。

107
独学の教室
読書猿、佐藤優 ほか全14名

なぜ、我々は独学したいのか？ 独学の意義と方法から、英語、ビジネス、美術、読書、ノート術、漫画、数学、物理学、はては冒険まで、多彩な執筆陣が寄稿。独りで学ぶことの魅力・意味を探る。